第2版

AML対策を現場で強化

取引時確認の聞き方・話し方

宇佐美豊［監修・著］
村西知子［著］

経済法令研究会

はじめに

　本書は、金融機関、特に地域金融機関の営業店で窓口対応や営業を担当していらっしゃる方々に向け、マネー・ローンダリングおよびテロ資金供与対策等（マネー・ローンダリング対策等）について今一度原点に戻っていただき、その知識等を再確認していただくこと、また、個別事例による具体的対応や、実際にお客様に対してお断りするといった点にフォーカスし、できるだけわかりやすく解説したものです。

　皆さんは、マネー・ローンダリング資金供与対策等について、その内容や考え方、重要性については十分理解していることでしょう。しかし、理解していても、実際に営業店においては様々な事例が発生しています。特に、営業店の皆さんが困っていらっしゃるのが、お客様の申し出をお断りするということでしょう。

　本書の初版は、おかげさまで数多くの金融機関等行職員の皆様に手に取っていただきました。著者としてこれほどうれしいことはありません。

　さて、マネー・ローンダリングに係る金融機関を取り巻く環境は、初版刊行後も大きく変化しています。最近では、著名人を騙るSNS型投資詐欺や、協同組織金融機関を狙ったフィッシング詐欺、法人口座を悪用した数百億円という高額のマネー・ローンダリング事件など、地域金融機関の営業店において窓口対応や営業を担当していらっしゃる方は、これまで以上に金融犯罪が身近になってきたことを肌で感じていることと思います。

　こうした状況変化を踏まえて、第2版では、PART1において、金融庁公表資料等を基に新しい内容に更新しています。また、PART2の事例については、最近の事案を基にしたケーススタディを加えるとともに、すでに定着していたり、実務に合わなくなってきたりしたケースを削除しました。

　引き続き、現場の皆様の、マネー・ローンダリングに係るトラブルや悩み等を少しでも減らすため、本書を活用いただければ幸いです。

　なお、本書の内容は筆者の個人的な一意見であり、その内容は個人的見解であることをお断りしておきます。

　最後に、筆者の日々の業務をサポートしていただいているすべての皆様に感謝申し上げます。また、本書企画から刊行まで株式会社経済法令研究会 制作本部長の榊原雅文氏、JA金融法務編集部の皆さまには色々な場面で大変お世話になりました。

　この場をお借りして、厚く御礼申し上げます。

2024年10月

宇佐美　豊

村西　知子

目次

PART 1　取引時確認を理解しよう

1　マネー・ローンダリング対策の概要 …… 10
1. マネー・ローンダリングとは …… 10
2. なぜマネロン対策を講じるのか …… 10
3. 国際協調の重要性 …… 11
4. 金融機関に求められる役割 …… 11
5. 小規模な金融機関が狙われる傾向 …… 12
6. マネロン対策の基本的な枠組み …… 12
7. マネロン対策のガイドライン …… 12
8. リスクベース・アプローチについて …… 13
9. 三つの防衛線 …… 14
10. 営業店における気づき等 …… 15
11. マネロン対策と反社会的勢力への対応との関係 …… 16

2　疑わしい取引の届出 …… 17
1. 疑わしい取引の届出とは …… 17
2. ガイドラインと疑わしい取引 …… 17
3. 犯罪収益移転危険度調査書 …… 19
4. 疑わしい取引の確認方法等 …… 19
5. 疑わしい取引の参考事例 …… 19

3　取引時確認 …… 26
1. 取引時確認とは …… 26
2. 特定取引 …… 26
3. 確認記録 …… 27
4. 取引時確認済の顧客との取引 …… 27
5. 本人確認書類 …… 28
6. 法人口座について …… 29

05

| 7 | 実質的支配者 | 30 |
| 8 | 外国PEPs | 31 |

＼PART 2／ ケースでみる聞き方と話し方

Case 1	新規口座開設の目的の確認	36
Case 2	本人確認書類の取扱い	41
Case 3	自宅または勤務先から遠い場合	45
Case 4	キャッシュカードの取扱い	49
Case 5	孫名義の口座開設	53
Case 6	遠隔地の窓口での高額入金	58
Case 7	親の代理人として入院費の振込み	62
Case 8	給与振込口座への給与でない数万円の入出金	66
Case 9	大量の両替依頼	70
Case 10	外国人技能実習生の口座開設	74
Case 11	住宅ローンの一括完済の申し出	79
Case 12	法人口座（合同会社・合資会社）への振込み	83
Case 13	ロマンス詐欺と法人口座利用	87

＼PART 3／ 好感を与える話し方

1 不満・苦情の要因とは ……… 94
  1 お客様の心理を理解しよう ……… 95
  2 接遇マインドを身につけよう ……… 96

2 苦情を招かない話し方 ……… 98
  1 言語表現と非言語表現 ……… 98
  2 好感を与える表現 ……… 99
  3 不快感を与えない伝え方 ……… 103

Column

・知っておきたい Keyword ①	リスクベース・アプローチ（RBA）	38
・知っておきたい Keyword ②	PDCA	46
・知っておきたい Keyword ③	リスクの特定・評価	55
・知っておきたい Keyword ④	FATF（金融活動作業部会）	63
・知っておきたい Keyword ⑤	三つの防衛線	67
・知っておきたい Keyword ⑥	顧客の受入れに関する方針	71
・知っておきたい Keyword ⑦	経営陣の関与・理解	76
・知っておきたい Keyword ⑧	匿名・流動型犯罪グループ（通称：トクリュウ）	89
・金融機関行職員は閻魔大王 !?		107

PART 1

取引時確認を理解しよう

1 マネー・ローンダリング対策の概要

1. マネー・ローンダリングとは

　マネー・ローンダリング（Money Laundering、日本語訳：資金洗浄。以下、「マネロン」といいます）とは、犯罪や違法な方法・行為により得た収益の出どころを隠すことをいいます。

　その典型例として、麻薬の密売人が、偽名で開設したり他人から買い取ったりした金融機関の預貯金口座に、麻薬の密売代金を隠す行為、詐欺や横領を行った犯人が、そのだまし取ったお金をいくつもの預貯金口座を転々と移動させて、その出どころをわからなくし、犯罪から逃れようとする行為などが挙げられます。

2. なぜマネロン対策を講じるのか

　暴力団等いわゆる反社会的勢力等の収益は、その多くが犯罪による収益であり、そうした犯罪で得た収益は、表の世界（合法的な経済活動）に直接出してしまうと、すぐに出どころが判明してしまい、捕まってしまう可能性が高くなります。そのため、反社会的勢力等は、こうした収益を、いかにも合法的な経済活動で得た収益のように見せかけるためにマネロンを行い、表の世界で堂々と使えるようにしているのです。

　反社会的勢力等がその活動を行うためには、活動資金が必要です。マネロンをそのまま放置してしまうと、反社会的勢力等がどんどん活動資金を得ることになります。あるいは、こうした反社会的勢力が犯罪収益を表の世界で使い、例え

ば、上場会社の株式を買い占めたりすれば、その支配力を使って、さらにその勢力や権力を拡大するおそれも十分にあります。

　こうしたマネロン活動は、金融機関の預貯金口座を利用することによって実行されるケースが非常に多く、金融機関としては、マネロン対策をしっかり行って、資金面で反社会的勢力等の犯罪防止と撲滅を目指すことが、社会から求められているのです。

3. 国際協調の重要性

　上記に加えてもう一つ、マネロンに対応する必要性が出てきました。それが反社会的勢力等の国際化です。"お金"は、いとも簡単に国境を越えてしまいます。当然、犯罪収益についても、容易に移転してしまいます。そのため、一つの国がいくら頑張っても、その防止には限界があります。

　こうした観点から、マネロン対策を実効的に行うには、国際的な協力が必要です。そのため、金融機関として、強固なマネロンに係る態勢の構築が求められているのです。

4. 金融機関に求められる役割

　金融機関の基本業務である預貯金・貸出等の取引については、マネロンに利用されるリスクが高いといえます。そのため、金融機関は、「犯罪による収益の移転防止に関する法律」（以下、「犯収法」といいます）により、この法律の規制の対象となる事業者として位置づけられており、以下のような内容が、法的に義務づけられています。

・取引に際して、顧客等の本人特定事項等の確認（取引時確認の実施）
・取引時確認の記録（確認記録）と、取引に係る記録（取引記録）等の作成・保存
・所管行政庁への疑わしい取引の届出

　また、金融庁が2018年2月に公表したマネロンに係るガイドライン（「マネー・

ローンダリング及びテロ資金供与対策に関するガイドライン」。以下、「ガイドライン」といいます）は、犯収法で規定されている特定事業者の中で、金融庁所管の事業者（公認会計士・監査法人は除く）を対象としており、金融機関は、本ガイドラインの適用対象となっています。そのため、金融機関は、本ガイドラインに基づき、様々なマネロン対策を講じる必要があります。

5. 小規模な金融機関が狙われる傾向

　日本においては、マネロンに係る態勢整備が不十分で、特に小規模な金融機関をターゲットとする事例が増加傾向にあります。

　金融システムは、その業務の特性から、日本だけでなく、世界的なネットワークによるつながりを有しています。そのため、一件でも金融機関がマネロンに利用されることになれば、日本だけでなく世界的な金融システムに多大な影響を及ぼす危険があります。

　最近の傾向として、反社会的勢力等は、マネロンに係る態勢整備が十分でない金融機関を狙っているといわれています。金融機関であれば、規模の大小を問わずマネロンに係る態勢整備は必須です。

6. マネロン対策の基本的な枠組み

　マネロンによる犯罪収益移転防止のためには、適正な顧客管理措置を行うことにより、そのリスクを抑制するとともに、犯罪が行われた場合の資金トレースを行うことができるようにすることで、犯罪の実態解明等に役立つための枠組みが必要です。

7. マネロン対策のガイドライン

　マネロン対策の教科書的な位置づけとなるのが、金融庁が2018年2月に公表したガイドラインです。

このガイドラインでは、「マネロン等に係るリスク管理態勢を有効性のあるものとしていくために、金融機関等にはリスクベース・アプローチが不可欠である」とし、金融機関にとって、リスクベース・アプローチによるマネロン等リスク管理態勢の構築・維持が、当然に実施していくべきミニマム・スタンダードとされています。

また、ガイドラインでは、経営陣によるコミットメントの重要性が強調されており、経営陣主導による組織横断的・継続的な取組みが必要であること、マネロンに係る方針・手続き・計画等について顧客・当局等を含む幅広いステークホルダー（利害関係者）に対する説明責任があるとされています。

なお、このガイドラインは、監督当局である金融庁が、各金融機関に対してモニタリングするにあたり、「対応が求められる事項」と「対応が期待される事項」をはっきり区別している点が特徴です。

〈対応が求められる事項〉

「対応が求められる事項」は、当該事項に係る措置が不十分であったり、マネロン等リスク管理態勢に問題が認められたりする場合には、必要に応じ、報告徴求・業務改善命令等の法令に基づく行政対応を行い、金融機関の管理態勢の改善を図るとされています。

〈対応が期待される事項〉

「対応が期待される事項」は、上記「対応が求められる事項」ができていることを前提に、一定の規模・業容等を擁する金融機関に対して、より堅牢なマネロンに係る態勢構築の観点から対応することが望ましい事項とされています。

したがって、各金融機関においては、行政処分等の対象にもなり得る「対応が求められる事項」を優先的に行う必要があるでしょう。

8. リスクベース・アプローチについて

リスクベース・アプローチとは、各国の各金融機関において、マネロン対策に充当できるリソース（人・もの・お金）は限られる（すべての人・もの・お金をマネロンの態勢整備に費やすことは現実的ではない）ことから、リスクが高い取引に

ついては厳格な措置を、リスクが低い取引については簡素な措置を実施することにより、リソースを効率的・適切に配分することで全体のリスク低減を図ることをいいます。

9. 三つの防衛線

　マネロンに係る管理態勢整備においては、営業・管理・監査の各部門が担う役割や責任を経営陣主導のもと、適時・適切にその対応を進めていく必要があります。

　こうした観点からガイドラインに記載されているのが、各部門の担う役割を以下のように整理した「三つの防衛線」という考え方です。
・第1の防衛線：営業部門（営業店および営業部門）
・第2の防衛線：管理部門（コンプライアンス・リスク管理・人事等）
・第3の防衛線：内部監査部門

　具体的にみてみましょう。
〈第1の防衛線〉
　「第1の防衛線」とは、営業店および営業部門をいいます。マネロン対策では、顧客と直接対面する活動を行っている営業店や営業部門が、マネロンリスクに最初に直面します。こうした点から、第1の防衛線がより機能するためには、第1の防衛線に属するすべての行職員が、その役割を正しく理解したうえで行動することが求められているのです。
〈第2の防衛線〉
　「第2の防衛線」とは、コンプライアンスやリスク管理、人事などの管理部門のことをいいます。この部門は、第1の防衛線のリスク管理に対して、独立した立場から牽制を行います。また、情報提供など第1の防衛線を支援する役割も担います。
〈第3の防衛線〉
　「第3の防衛線」とは、内部監査部門を指します。ここでは、第1の防衛線や

第2の防衛線がその役割を適切に発揮しているか、さらに改善し、高度化することはできないかなどについて、独立した立場から、定期的に検証していくことが求められています。

また、内部監査部門は、独立した立場から、マネロン対策に係る方針・手続き・計画等の有効性についても検証し、見直し等の提言を経営陣に行うことが求められています。

なお、三つの防衛線が適切かつ有効に機能するための一つの方法として、外部専門家を活用することも考えられます。

特に、第3の防衛線である内部監査部門においては、監査法人や弁護士等の外部専門家の助言等を積極的に活用し、経営陣を含めた組織全体のガバナンス、リスク、マネジメントの有効性・妥当性を客観的に検証する必要があります。

10. 営業店における気づき等

最も重要なことは、顧客と直接接する行職員による、「この取引は普通と違う。このお客様がこんな取引をするはずがない」「資産・負債状況からみて、この取引はどうも不自然」といった気づきです。

その気づきの感度を上げていくためには、自分の業務に係るマネロンリスクにはどのようなものがあるのか、どういった取引がリスクハイなのかといったことを正しく理解するとともに、常に最新の情報を入手することが重要です。

また、一般的に、いわゆる一見顧客の取引については注意が必要といわれます。

では、一見顧客への対応で重要な点は何かというと、以下の事項が挙げられます。

・法令等の対応を確実に実施する
・リスクベースの対応を適切に実施する

つまり、法令に則って取引時確認等を適切に実施し、氏名、生年月日、住所等を確認した結果、反社会的勢力等に該当することがわかった場合、契約自由の

原則と金融機関内のルールに従って謝絶したうえで、疑わしい取引の届出（PART1－2参照）を行うなどの対応が必要となります。

　また、反社会的勢力の可能性が高い、あるいは疑われる場合には、営業店内や本部と相談し、その可否を判断するようにしましょう。

　一見顧客については、顧客情報も少ない状況で各種説明や手続きを行うことになりますので、時間をかけて丁寧に説明することが大切です。

11．マネロン対策と反社会的勢力への対応との関係

　よく、マネロン対策と反社会的勢力への対応について、区別がつかないという声を聞くことがあります。そこで、まずは金融機関における対応の相違点について整理してみましょう。

　反社会的勢力への対応については、反社会的勢力という取引の相手方の属性に着目して、「特定の者との間で取引してはならない」ことが金融機関に求められています。これに対して、マネロン対策では、取引の内容に着目して、「マネロンの疑いがないか」という点で、金融機関に対して取引を行っている者が誰であるかの確認を義務づけ、かつ、個別の取引についてマネロンが疑われる場合、疑わしい取引の届出の提出を求めるものです。両者は、その目的も、具体的な対応も異なります。

　しかし、この二つは、組織犯罪対策という観点から目的は同じであり、また、反社会的勢力は一般的にマネロンを行う傾向にあり、その逆もしかりです。

　つまり、この両者は、組織犯罪対策として総合的に対応する必要があるのです。

2 疑わしい取引の届出

1. 疑わしい取引の届出とは

　疑わしい取引の届出は、本人特定事項の確認や、確認記録・取引記録の作成・保存義務と同じように、金融機関等に求められている制度です。一般に、「ウタトリ」と呼ばれています。

　この疑わしい取引の届出件数は、年々増加しており、個別事件の直接の発端としてだけでなく、反社会的勢力の資金源の把握に役立つなど、組織犯罪対策を推進するうえで重要な情報源となっています。

　疑わしい取引の届出制度は、犯罪収益等の仮装や、金融機関がマネロンに利用されやすいことを踏まえ、犯罪による収益に係る疑わしい取引に関する情報を集約して、犯罪捜査に役立てることを主な目的としています。

　疑わしい取引に関する情報は、国家公安委員会や警察庁で集約のうえ、マネロンや各種犯罪の捜査に利用されることになります。

2. ガイドラインと疑わしい取引

　ガイドラインでは、疑わしい取引の届出について、法律上の義務であり、疑わしい取引の届出の状況等を、他の指標等と併せて分析すること等により、自らのマネロン管理態勢の強化に有効に活用できるとしています。

　このガイドラインで、金融機関として「対応が求められる事項」（必須項目）には、以下の七つが挙げられています。

①顧客の属性、取引時の状況その他金融機関等の保有している具体的な情報を総合的に勘案したうえで、疑わしい取引の該当性について適切な検討・判断が行われる態勢を整備し、法律に基づく義務を履行するほか、届出の状況等を自らのリスク管理態勢の強化にも必要に応じて活用すること。
②金融機関等の業務内容に応じて、ITシステムや、マニュアル等も活用しながら、疑わしい顧客や取引等を的確に検知・監視・分析する態勢を構築すること。
③疑わしい取引の該当性について、国によるリスク評価の結果のほか、疑わしい取引の参考事例、自らの過去の疑わしい取引の届出事例等も踏まえつつ、外国PEPs（PART1-3参照）該当性、顧客属性、当該顧客が行っている事業、顧客属性・事業に照らした取引金額・回数等の取引態様、取引に係る国・地域その他の事情を考慮すること。
④既存顧客との継続取引や一見取引等の取引区分に応じて、疑わしい取引の該当性の確認・判断を適切に行うこと。
⑤疑わしい取引に該当すると判断した場合には、疑わしい取引の届出を直ちに行う態勢を構築すること。
⑥実際に疑わしい取引の届出を行った取引について、リスク低減措置の実効性を検証し、必要に応じて同種の類型に適用される低減措置を見直すこと。
⑦疑わしい取引の届出を契機にリスクが高いと判断した顧客について、顧客リスク評価を見直すとともに、当該リスク評価に見合った低減措置を適切に実施すること。

　なお、上記のうち⑤については、注意が必要です。金融機関に対して、疑わしい取引に該当すると判断した場合の届出を「直ちに」行う態勢の構築を求めていますが、この「直ちに」の解釈として、すでに疑わしい取引に該当すると判断した取引について、その判断から届出を行うまでに「1ヵ月程度」を擁する場合、「直ちに行う態勢を構築」しているとはいえないとの見解が当局より示されています。この点を考えれば、届出は早急に行うべきでしょう。

3. 犯罪収益移転危険度調査書

　犯罪収益移転危険度調査書は、国家公安委員会が、毎年、犯罪による収益の移転に係る手口等について、調査・分析を行ったうえで、その危険度について公表しているものです。

　金融機関は、取引時確認の結果、この調査書の内容を勘案しつつ、疑わしい取引に該当するかの判断を行う必要があります。

4. 疑わしい取引の確認方法等

　犯収法では、疑わしい取引について、新規顧客との取引、既存顧客との取引、高リスク取引に分け、それぞれの場合における判断方法を規定しています。

　その判断の際、すべての取引について一律に同一の内容でチェックすることが義務づけられているものではなく、リスクに応じた金融機関の判断により、取引ごとのチェックの深度が異なることも許されています。また、どの程度の頻度で行うかについても、取引の内容等を勘案し、個別に判断する必要があります。

5. 疑わしい取引の参考事例

　金融庁のウェブサイトでは、疑わしい取引に該当する可能性のある取引として特に注意を払うべき取引の類型を、疑わしい取引の参考事例として公開しています。

　以下は、2024年4月1日に公開された疑わしい取引の参考事例のうち、「預金取扱い金融機関」のものです。

〈疑わしい取引の参考事例（預金取扱い金融機関）〉
（全般的な注意）
　以下の事例は、金融機関等が「犯罪による収益の移転防止に関する法律」第8条第1項に規定する疑わしい取引の届出義務を履行するに当たり、疑わしい取引に該当する可能性のある取引として特に注意を払うべき取引の類型を例示

したものであり、個別具体的な取引が疑わしい取引に該当するか否かについては、金融機関等において、顧客の属性、取引時の状況その他保有している当該取引に係る具体的な情報を最新の内容に保ちながら総合的に勘案して判断する必要がある。

したがって、これらの事例は、金融機関等が日常の取引の過程で疑わしい取引を発見又は抽出する際の参考となるものであるが、これらの事例に形式的に合致するものがすべて疑わしい取引に該当するものではない一方、これに該当しない取引であっても、金融機関等が疑わしい取引に該当すると判断したものは届出の対象となることに注意を要する。

第1 現金の使用形態に着目した事例

(1) 多額の現金（外貨を含む。以下同じ。）又は小切手により、入出金（有価証券の売買、送金及び両替を含む。以下同じ。）を行う取引。特に、顧客の収入、資産等に見合わない高額な取引、送金や自己宛小切手によるのが相当と認められる場合にもかかわらず敢えて現金による入出金を行う取引。

(2) 短期間のうちに頻繁に行われる取引で、現金又は小切手による入出金の総額が多額である場合。敷居値を若干下回る取引が認められる場合も同様とする。

(3) 多量の少額通貨（外貨を含む。）により入金又は両替を行う取引。

(4) 夜間金庫への多額の現金の預入れ又は急激な利用額の増加に係る取引。

第2 真の口座保有者を隠匿している可能性に着目した事例

(1) 架空名義口座又は借名口座であるとの疑いが生じた口座を使用した入出金。

(2) 口座名義人である法人の実体がないとの疑いが生じた口座を使用した入出金。

(3) 住所と異なる連絡先にキャッシュカード等の送付を希望する顧客又は通知を不要とする顧客に係る口座を使用した入出金。

(4) 多数の口座を保有していることが判明した顧客に係る口座を使用した入出金。屋号付名義等を利用して異なる名義で多数の口座を保有している顧客の場合を含む。
(5) 当該支店で取引をすることについて明らかな理由がない顧客に係る口座を使用した入出金。
(6) 名義・住所共に異なる顧客による取引にもかかわらず、同一のIPアドレスからアクセスされている取引。
(7) 国内居住の顧客であるにもかかわらず、ログイン時のIPアドレスが国外であることや、ブラウザ言語が外国語であることに合理性が認められない取引。
(8) IPアドレスの追跡を困難にした取引。
(9) 取引時確認で取得した住所と操作している電子計算機のIPアドレス等とが異なる口座開設取引。
(10) 同一の携帯電話番号が複数の口座・顧客の連絡先として登録されている場合。

第3 口座の利用形態に着目した事例

(1) 口座開設後、短期間で多額又は頻繁な入出金が行われ、その後、解約又は取引が休止した口座に係る取引。
(2) 多額の入出金が頻繁に行われる口座に係る取引。
(3) 口座から現金で払戻しをし、直後に払い戻した現金を送金する取引（伝票の処理上現金扱いとする場合も含む。）。特に、払い戻した口座の名義と異なる名義を送金依頼人として送金を行う場合。
(4) 多数の者に頻繁に送金を行う口座に係る取引。特に、送金を行う直前に多額の入金が行われる場合。
(5) 多数の者から頻繁に送金を受ける口座に係る取引。特に、送金を受けた直後に当該口座から多額の送金又は出金を行う場合。
(6) 匿名又は架空名義と思われる名義での送金を受ける口座に係る取引。
(7) 通常は資金の動きがないにもかかわらず、突如多額の入出金が行われる口座に係る取引。

⑻　経済合理性から見て異常な取引。例えば、預入れ額が多額であるにもかかわらず、合理的な理由もなく、利回りの高い商品を拒む場合。
⑼　口座開設時に確認した取引を行う目的、職業又は事業の内容等に照らし、不自然な態様・頻度で行われる取引。
⑽　異なる名義の複数の口座からの入出金が、同一の時間帯又は同一の現金自動支払機を用いて頻繁に行われるなどの第三者による口座の管理等が疑われる取引。
⑾　口座開設時に確認した事業規模等と照らし、給与振込額等が不自然な取引。

第4　債券等の売買の形態に着目した事例

⑴　大量の債券等を持ち込み、現金受渡しを条件とする売却取引。
⑵　第三者振出しの小切手又は第三者からの送金により債券等の売買の決済が行われた取引。
⑶　現金又は小切手による多額の債券の買付けにおいて、合理的な理由もなく、保護預り制度を利用せず、本券受渡しを求める顧客に係る取引。

第5　保護預り・貸金庫に着目した事例

⑴　保護預り及び信託取引の真の取引者を隠匿している可能性に着目した事例については、「第2　真の口座保有者を隠匿している可能性に着目した事例」に準じる。
⑵　貸金庫の真の利用者を隠匿している可能性に着目した事例については、「第2　真の口座保有者を隠匿している可能性に着目した事例」に準じる。
⑶　頻繁な貸金庫の利用。

第6　外国との取引に着目した事例

⑴　他国（本邦内非居住者を含む。以下同じ。）への送金にあたり、虚偽の疑いがある情報又は不明瞭な情報を提供する顧客に係る取引。特に、送金先、送金目的、送金原資等について合理的な理由があると認められない情報を

提供する顧客に係る取引。
⑵　短期間のうちに頻繁に行われる他国への送金で、送金総額が多額にわたる取引。
⑶　経済合理性のない目的のために他国へ多額の送金を行う取引。
⑷　経済合理性のない多額の送金を他国から受ける取引。
⑸　多額の旅行小切手又は送金小切手（外貨建てを含む。）を頻繁に作成又は使用する取引。
⑹　多額の信用状の発行に係る取引。特に、輸出（生産）国、輸入数量、輸入価格等について合理的な理由があると認められない情報を提供する顧客に係る取引。
⑺　資金洗浄・テロ資金供与対策に非協力的な国・地域又は不正薬物の仕出国・地域に拠点を置く顧客が行う取引。
⑻　資金洗浄・テロ資金供与対策に非協力的な国・地域又は不正薬物の仕出国・地域に拠点を置く者（法人を含む。）との間で顧客が行う取引。
⑼　資金洗浄・テロ資金供与対策に非協力的な国・地域又は不正薬物の仕出国・地域に拠点を置く者（法人を含む。）から紹介された顧客に係る取引。
⑽　輸出先の国の技術水準に適合しない製品の輸出が疑われる取引。
⑾　貿易書類や取引電文上の氏名、法人名、住所、最終目的地等情報が矛盾した取引。
⑿　小規模な会社が、事業内容等に照らし、不自然な技術的専門性の高い製品等を輸出する取引。
⒀　貿易書類上の商品名等の記載内容が具体的でない取引。
⒁　人身取引リスクの高い国・地域に対し、親族と思われる者へ繰り返し少額の送金を行っている取引。

第7　融資及びその返済に着目した事例

⑴　延滞していた融資の返済を予定外に行う取引。
⑵　融資対象先である顧客以外の第三者が保有する資産を担保とする融資の申込み。

第8 その他の事例

(1) 公務員や会社員がその収入に見合わない高額な取引を行う場合。

(2) 複数人で同時に来店し、別々の店頭窓口担当者に多額の現金取引や外国為替取引を依頼する一見の顧客に係る取引。

(3) 取引時確認が完了する前に行われたにもかかわらず、顧客が非協力的で取引時確認が完了できない取引。例えば、後日提出されることになっていた取引時確認に係る書類が提出されない場合。代理人が非協力的な場合も同様とする。

(4) 顧客が自己のために活動しているか否かにつき疑いがあるため、実質的支配者その他の真の受益者の確認を求めたにもかかわらず、その説明や資料提出を拒む顧客に係る取引。代理人によって行われる取引であって、本人以外の者が利益を受けている疑いが生じた場合も同様とする。

(5) 法人である顧客の実質的支配者その他の真の受益者が犯罪収益に関係している可能性がある取引。例えば、実質的支配者である法人の実体がないとの疑いが生じた場合。

(6) 自行職員又はその関係者によって行われる取引であって、当該取引により利益を受ける者が不明な取引。

(7) 自行職員が組織的な犯罪の処罰及び犯罪収益の規制等に関する法律第10条(犯罪収益等隠匿)又は第11条(犯罪収益等収受)の罪を犯している疑いがあると認められる取引。

(8) 偽造通貨、偽造証券、盗難通貨又は盗難証券により入金が行われた取引で、当該取引の相手方が、当該通貨又は証券が偽造され、又は盗まれたものであることを知っている疑いがあると認められる場合。

(9) 取引の秘密を不自然に強調する顧客及び届出を行わないように依頼、強要、買収等を図った顧客に係る取引。

(10) 暴力団員、暴力団関係者等に係る取引。

(11) 職員の知識、経験等から見て、不自然な態様の取引又は不自然な態度、動向等が認められる顧客に係る取引。

(12) 資金の源泉や最終的な使途について合理的な理由があると認められない

非営利団体との取引。
⒀ 口座開設時に確認した非営利団体の活動内容等と合理的な関係が認められない国・地域又は第三者への送金取引。
⒁ 送金先、送金目的等について合理的な理由があると認めらない外国PEPとの取引。
⒂ 財産や取引の原資について合理的な理由があると認められない外国PEPとの取引。
⒃ 腐敗度が高いとされている国・地域の外国PEPとの取引。
⒄ 国連腐敗防止条約やOECD外国公務員贈賄防止条約等の腐敗防止に係る国際条約に署名・批准していない国・地域又は腐敗防止に係る国際条約に基づく活動に非協力的な国・地域に拠点を置く外国PEPとの取引。
⒅ 技能実習生等外国人の取引を含め、代理人が本人の同意を得ずに給与受取目的の口座開設取引を行っている疑いが認められる場合。
⒆ 公的機関など外部から、犯罪収益に関係している可能性があるとして照会や通報があった取引。

（出所）　金融庁ウェブサイト「疑わしい取引の参考事例（預金取扱い金融機関）」（令和6年4月1日更新）

3 取引時確認

1. 取引時確認とは

　取引時確認とは、犯収法に基づき、一定の取引を行うに際して、顧客の様々な事項を確認することをいいます。
　確認すべき事項は、以下のとおりです。
・個人の場合：本人特定事項（氏名、住居および生年月日）、取引目的、職業
・法人の場合：本人特定事項（名称、本店または主たる事務所の所在地）、取引目的、事業内容、実質的支配者の本人特定事項

　本人特定事項の確認は、本人確認書類の原本の提示を受けることが基本です。個人の場合、運転免許証など写真付きのものであれば1種類で確認を行いますが、健康保険証など顔写真付きでないものは、原則としてそれ以外、つまり2種類の書類等が必要です。代表者、代理人など実際に取引を担当する者も同様です。

2. 特定取引

　取引時確認を要するのは、「特定取引」を行う場合です。金融機関の主な「特定取引」には、以下のようなものがあります。
・口座開設、貸金庫、保護預りなどの取引開始時
・200万円を超える現金、持参人払式小切手などの受払いを伴う取引
・10万円を超える現金振込、公共料金等の振込み（国や地方公共団体への各

種税金・料金の納付を除く)、持参人払式小切手による現金の受取り
・融資取引

また、対象取引に該当しない取引であっても、疑わしい取引・同種の取引の態様と著しく異なる態様の取引は、顧客管理を行ううえで特別の注意を要する取引として、特定取引になります。
一方、対象取引から除外される取引もあります。
例えば、現金等受払い取引のうち、電気・ガス・水道料金や各種学校の入学金・授業料などを支払う場合は、マネロン等に悪用されるリスクが低いため、除外されます。

3. 確認記録

金融機関が、取引時確認を行った場合、ただちに確認記録を作成し、特定取引等に係る契約が終了した日から7年間保存しなければなりません。
また、確認記録に本人確認書類等の写しを添付する場合、その写しに記載されている事項は確認記録への記載を省略できます。
マイナンバーカード、国民年金手帳、健康保険証の提示を受けた場合、法律により、マイナンバー、基礎年金番号、被保険者等記号・番号等を記載してはいけません。

4. 取引時確認済の顧客との取引

金融機関は、顧客と特定取引を行うに際して取引時確認を行わなければならないのが原則ですが、過去に取引時確認を行い、確認記録の作成・保存をしている顧客との取引であれば、改めて取引時確認を行う必要はないものとされています。ただし、過去に取引時確認を行った顧客であることを確認するためには、以下の確認が必要となります。
・預貯金通帳など、その顧客が確認記録に記録されている顧客と同一であるこ

とを示す書類その他の物の提示または送付を受けること
・その顧客しか知り得ない事項（例えば暗証番号）など、その顧客が確認記録に記録されている顧客と同一であることを示す事項の申告を受けること

なお、取引時確認済の顧客との取引であっても、顧客管理を行ううえで特別の注意を要する取引およびハイリスク取引に該当する場合は、取引時確認を省略することはできません。

5. 本人確認書類

本人確認書類とは、取引時確認において、顧客の本人特定事項（個人の場合は氏名、住居および生年月日。法人の場合は名称、本店所在地または主たる事務所の所在地）を確認するために用いる公的な証明書類のことです。

●**個人の場合** 代理人取引の場合には、実際に取引を行っている取引担当者の本人確認も必要です。

対面取引では

- 運転免許証、在留カード、旅券（パスポート）など
  顔写真のある官公庁発行書類の提示 → 確認完了

※平成28年10月1日から変更

- 健康保険証、国民年金手帳など
  顔写真のない本人確認書類の提示
  ＋ 本人確認書類に記載の住所に取引関係文書を転送不要郵便等で送付を受ける → 確認完了
  ＋ 提示した本人確認書類以外の本人確認書類の提示または提出 → 確認完了

- 住民票の写しなどの提示
  ＋ 本人確認書類に記載の住所に取引関係文書を転送不要郵便等で送付を受ける → 確認完了

非対面取引（インターネット、郵送など）では

- 本人確認書類またはその写しの送付
  ＋ 本人確認書類に記載の住所に取引関係文書を転送不要郵便等で送付を受ける → 確認完了

（出所） 政府広報オンライン「金融機関などでの取引時に行う「本人確認」等にご協力ください」

本人確認書類に有効期限がある場合は、その提示または送付を受ける日において有効なものである必要があります。有効期限がない場合は、その提示または送付を受け付ける日の前6ヵ月以内に作成されたものである必要があります。

6. 法人口座について

昨今、マネロンでよく使われるのが法人の預貯金口座です。従来は、個人口座が利用されてきましたが、個人口座で多額の振込み等があったり、少額の振込みが多数あったりすると、金融機関が行うスクリーニング（取引情報と制裁対象者を審査し、選別することを目的としたリスク管理手法）でチェック対象となってしまい、口座が使えなくなります。つまり、犯罪集団にとってマネロンが行いにくくなるというデメリットがありました。

そこで、マネロンを行う犯罪集団は、こうした金融機関のスクリーニングから逃れるために法人の口座を利用し始めたのです。

法人口座は、個人口座に比べて振込限度額が高額、あるいは上限設定がないことや、通常の商取引に係る決済・送金と不正な入出金とを区別することが困難な場合が多いという特徴があります。かつ、仮に、誤って法人口座の口座凍結・入出金停止を行った場合、法人の資金繰りに多大な影響を与え、場合によっては倒産につながりかねないことから、マネロンを行う犯罪集団にとって、スクリーニングにかかりにくく、大変使い勝手がよいとされ、悪用されるようになりました。

実際に、闇バイトで多くの人を集めて、実態のない会社を設立させ、新規の法人口座を開設したうえでその口座を利用して詐欺行為が行われた事件や、倒産寸前の企業が高額な報酬を得るために、犯罪集団に自分の会社の口座を利用させていた事例も発覚しています。

犯罪集団に法人口座を利用させないために重要なことは、「法人口座は犯罪に利用されない」という思い込みを意識から排除することです。また、新規で法人口座を開設する際には、実際に会社を訪問して、企業実態があるかどうかを把握するなど慎重に判断することが重要です。

7. 実質的支配者

　実質的支配者とは、法人の経営を実質的に支配することが可能な関係にある者のことをいいますが、顧客が法人である場合には、その実質的支配者の本人特定事項を確認することが求められています。これは、実質的支配者は、法人を隠れ蓑としてマネロンを行う可能性があるためです。

　その確認方法については、原則として顧客からの申告を受けることになりますが、ハイリスク取引の場合、株主名簿等の写しを確認する必要があります。

　なお、2022（令和4）年1月31日より、実質的支配者リスト制度の運用が開始されました。各金融機関においても、こうした制度を積極的に活用していくことが望まれます。

〈実質的支配者リスト制度の創設（令和4年1月31日運用開始）〉

　公的機関において法人の実質的支配者（※）に関する情報を把握することについては、法人の透明性を向上させ、資金洗浄等の目的による法人の悪用を防止する観点から、FATF（金融活動作業部会。Financial Action Task Force）の勧告や金融機関からの要望等、国内外の要請が高まっているところです。

　こうした要請を踏まえ、法人設立後の継続的な実質的支配者の把握についての取組の一つとして、実質的支配者リスト制度を創設し、令和4年1月31日から制度を開始します。

　　※実質的支配者（BO：Beneficial Owner）とは、法人の議決権の総数の4分の1を超える議決権を直接又は間接に有していると認められる自然人等をいいます（犯罪による収益の移転防止に関する法律（平成19年法律第22号。以下「犯収法」といいます。）第4条第1項第4号及び犯罪による収益の移転防止に関する法律施行規則（平成20年内閣府・総務省・法務省・財務省・厚生労働省・農林水産省・経済産業省・国土交通省令第1号（以下「犯収法施行規則」といいます。）第11条第2項参照）。

1　制度の概要

　本制度は、株式会社（特例有限会社を含む。）からの申出により、商業登記

所の登記官が，当該株式会社が作成した実質的支配者リスト（※）について，所定の添付書面により内容を確認し，その保管及び登記官の認証文付きの写しの交付を行うものです。

　なお，本制度は無料で御利用いただけます。

　また，郵送による申出も可能です。

　※実質的支配者リスト（実質的支配者情報一覧）とは，実質的支配者について，その要件である議決権の保有に関する情報を記載した書面をいいます。

2　利用することができる法人

　本制度を利用することができる法人は，資本多数決法人である株式会社（特例有限会社を含む。）です。

　※他の資本多数決法人（犯収法施行規則第11条第2項参照）は対象外となります。

3　対象となる実質的支配者

　本制度の対象となる実質的支配者とは，犯収法施行規則第11条第2項第1号の自然人（同条第4項の規定により自然人とみなされるものを含む。）に該当する者をいいます。

　具体的には，次の(1)又は(2)のいずれかに該当する者です。

(1) 会社の議決権の総数の50％を超える議決権を直接又は間接に有する自然人（この者が当該会社の事業経営を実質的に支配する意思又は能力がないことが明らかな場合を除く。）

(2) (1)に該当する者がいない場合は，会社の議決権の総数の25％を超える議決権を直接又は間接に有する自然人（この者が当該会社の事業経営を実質的に支配する意思又は能力がないことが明らかな場合を除く。）

（出所）　法務省ウェブサイト「実質的支配者リスト制度の創設（令和4年1月31日運用開始）」
　　　　（令和3年9月17日）

8. 外国PEPs

　PEPs（Politically Exposed Persons）とは、政府等において重要な地位を占

めている者のことをいいます。国際的には、これらの対象者やその親族等はその地位を利用し、贈収賄等の犯罪により、犯罪収益を隠匿するためマネロンを行うリスクが高いとされています。

犯収法上、外国PEPsに該当する者は以下のとおりです。

〈外国PEPs〉

外国PEPsとは、外国の政府等において重要な地位を占める者（外国の国家元首等）とその地位にあった者、それらの家族および実質的支配者がこれらの者である法人を指します。外国PEPs（重要な公的地位にある者）に該当する方は、次のとおりです。

(1) 外国の元首
(2) 外国において下記の職にある者
・我が国における内閣総理大臣その他の国務大臣および副大臣に相当する職
・我が国における衆議院議長、衆議院副議長、参議院議長または参議院副議長に相当する職
・我が国における最高裁判所の裁判官に相当する職
・我が国における特命全権大使、特命全権公使、特派大使、政府代表又は全権委員に相当する職
・我が国における統合幕僚長、統合幕僚副長、陸上幕僚長、陸上幕僚副長、海上幕僚長、海上幕僚副長、航空幕僚長または航空幕僚副長に相当する職
・中央銀行の役員
・予算について国会の議決を経、または承認を受けなければならない法人の役員
(3) 過去に(1)または(2)であった者
(4) 上記(1)〜(3)に該当する者の家族
※外国PEPsに含まれることとなる家族は以下のとおりです。
・配偶者（婚姻の届出をしていないが、事実上婚姻関係にある者を含む）
・父母

・子（実子以外の子も含む）
・兄弟姉妹
・配偶者の父母

(5)　(1)〜(4)が実質的支配者である法人

　外国PEPsの対象には、国連等の国際機関（条約締結権を有するメンバー国間の正式な政治協定により設立された団体）、および日本国政府等において重要な公的地位を有する者は含まれません。また、退任後の経過期間の定めはありません。

PART 2

ケースでみる聞き方と話し方

新規口座開設

Case 1 新規口座開設の目的の確認

＼こんなときどうする？／

　新規の普通預金口座の開設手続を行っていたところ、お客様から提出された申込書類の口座開設目的欄に「配当金受取りのため」と書かれていました。

　お客様にどういった配当金なのかお聞きすると「海外不動産への投資資金。来月その満期利息が入ってくるので、その受取りのために口座を作るように指示があった」とおっしゃいました。何か不自然な気がするのですが、どうすればよいのでしょうか。

気づきPoint

（もしかしてマネロンかも…）

☑ なぜウチの金融機関で新規の口座開設をしたいんだろう？

- 海外不動産への投資について、内容をできる範囲で具体的にお聞きする。

- なぜ、すでにお持ちであろう金融機関の口座を利用しないのかお聞きする。

- 実際に口座を必要とするまでまだ時間があるので、口座の開設については一旦預からせていただき、後日、口座開設を受けるか否かの返答をする旨を伝える。

- それでも納得されない場合は別室等に移動していただき、上司から説明する旨を伝える。

基本を押さえる

（１）口座開設の目的を明確にする

本 Case は、口座開設の目的をお聞きして「なんだか怪しい」と思った場合の対応です。

口座開設の目的は、大きく以下の二つに分けることができます。

① 生活口座として使用

生活を行っていくうえで必要な「電気」「ガス」「水道」等のインフラ料金の引き落とし、給与等受け入れといったことのために開設するというものです。

② 事業性の口座として使用

事業や商売を行っていくうえで、その決済等で必要となる口座です。

場合によっては、①②両方の機能が必要な場合もあるでしょう。

本 Case の場合、この両方のいずれにも該当しない蓋然性が高いと考えられます。つまり、海外への不動産投資の運用利息を受け取るためだけの目的で口座開設すること自体に大きな違和感があります。

一方、口座の開設を依頼しているお客様は、先方の指示で口座開設を依頼しているだけなので、まったく違和感がないようです。まず、お客様の認識と金融機関側の認識に相当なギャップがあることを認識しなければなりません。

そのうえで、金融機関としては、その開設目的についてより詳しく基本的なことをお聞きし、一旦預からせていただくのがよいでしょう。

（２）新規口座開設を「一旦預かる」という判断

日本の金融機関の行職員は、これまでの慣習・文化として、「公共性の観点から、新規の口座はその日・時間に開設してお客様に通帳をお渡ししなければならない」と思っている傾向にあります。口座開設の理由等で、金融機関の担当者が「何かおかしい」と思い、かつ、その口座開設について急ぐ必要がないのであればお預かりするというのも、マネロン対策の一つといえます。

もっとも、一旦預かるという行為について、多くのお客様が慣れていないことが考えられますが、「今後はマネロン防止の観点から申込みをしたその日に通帳

が貰えないこともある」という事実をお客様の側にも広く認識していただくためにも、このような対応が必要といえます。

　もし、お客様とトラブルになりそうであれば、迷わず上司や支店長にすぐに事情を説明し、対応してもらいましょう。

> **Column 知っておきたい Keyword ①**
>
> **リスクベース・アプローチ（RBA）**
>
> 　マネロン対策におけるリスクベース・アプローチ（RBA）とは、金融機関等が、自身のマネロンに関するリスクを特定・評価し、これを低減するため、特定・評価したリスクに見合った各種対策を講じることをいいます。
>
> 　この考え方は、これまで日本の金融機関等ではほとんど採用されていなかった考え方であり、従来の考え方、いわゆるオールオアナッシング（all or nothing）の延長線と捉えると、難しいと思います。
>
> 　マネロンの手法や態様は、犯罪等の動向や手口といったことのほか、産業動向や雇用環境、人口動態、IT技術の発達に伴う取引形態の拡大、経済や金融のグローバル化の進展等、様々な経済・社会環境のなかで常に変化しており、手法や態様の変化に応じて、その対策を効果的に行うためには、リスクベースの対応が重要となります。
>
> 　金融機関等は、マネロンリスクを自ら適切に特定・評価し、これに見合った態勢の構築・整備等の優先順位付けをし、その優先順位付けに従って行っていくことが求められています。
>
> 　リスクベース・アプローチの実施は、FATF勧告において第1の勧告として基本原則となっているものです。
>
> 　具体的には、国であれば「自国におけるマネロンのリスクを特定および評価する」こと、金融機関等であれば「自らが取り扱う商品・サービス等のマネロンのリスクを特定・評価するための適切な手段を講ずる」ことになります。

聞き方と話し方はこうする

 行職員　立ち入ったことをお聞きしてしまって申し訳ありません。今回のお客様の口座開設についてのご要望ですが、もう少し詳しくお聞きできないでしょうか。

 お客様　単に海外から利息をもらうだけなのに何かおかしい？　どういうことよ。

 行職員　それが、お客様もご存じのことと思いますが、**❶最近海外からの送金について、その送金の元、つまり、原資が犯罪によるものであった場合、お客様が面倒なことに巻き込まれる場合がありまして……**。

 お客様　私の投資先が犯罪者だと言いたいの？（少し興奮気味）

 行職員　いえいえ、そういうことでありません。お客様のご依頼が海外からの利息の受取りという**❷特別な目的**だからこそ申し上げているのです。なぜ、私どもの金融機関で口座開設をしようと思われたのか、お聞かせいただけないでしょうか。

 お客様　そういうEメールが来たから。おたくの金融機関で作りなさいと書いてあったんだよ。メガバンクとか他の金融機関の口座も持っているのに。

 行職員　そうなんですね。なぜわざわざ指定したのかが少し不思議ですよね。すでにお持ちの金融機関の口座であれば、もっと確実に手続きができるように思うのですが……。

お客様　そう言われればそうだね。確かに。

 行職員　その点が不明確ですので、❸ **今回の口座の開設については当行の本部の者と相談させていただけないでしょうか。お客様が犯罪に巻き込まれないようにするためにも**、いかがでしょうか。

 お客様　それって、今日、口座は開設できないっていうこと？

 行職員　大変申し訳ございません。一旦、お預かりさせていただき、後日ご連絡を差し上げます。ご確認ですが、この口座が必要なのは来月ですよね。

 お客様　そう。

 行職員　❹ **遅くとも10日以内には**、ご連絡を差し上げます。

 お客様　しょうがないな。

 行職員　ご理解いただきありがとうございます。

📝 ココをチェック！

❶ こちらの意図を、具体的な事例で紹介します。
❷ 今回の口座の開設目的が一般的でないことをはっきり伝えましょう。
❸ 「犯罪からお客様を守る」といった、顧客にとってもメリットがあることを適切に伝えます。
❹ はっきりとした期限を示すことで、お客様に安心感を与えます。

新規口座開設

Case 2 本人確認書類の取扱い

＼こんなときどうする？／

新規の普通預金の口座開設手続に際して、お客様から、本人確認書類として運転免許証の提示を受けました。有効期限を確認したところ、2日前に失効しています。それ以外はすべて問題ありません。どう見ても本人の運転免許証ですが、お客様は「わざわざ有給休暇をとってここに来ているのだから、それぐらいなんとかしてほしい」と少しお怒り気味です。どうすればよいのでしょうか。

 気づきPoint

（もしかしてマネロンかも…）

☑ **失効した身分証明書では取引時確認の要件を満たさない。**

- 有効期限が切れた本人確認書類で手続きを行うことはできない。

- 有効期限の切れていない他の本人確認書類（パスポート、保険証等）を持っていないか確認する。

- 上記その他の本人確認書類もお持ちでない場合は、有効期限内の本人確認書類をお持ちいただくようにご説明する。

- その際に、なぜ有効期限内でなければならないのかについても説明し、納得していただく。

- それでも納得されない場合は、別室等に移動していただき、上司から説明する旨を伝える。

基本を押さえる

（1）有効期限の重要性

　本人確認書類の確認は、犯収法に基づくものです。そのため、もし、有効期限が切れた本人確認書類で口座開設の手続きを進めた場合、法令違反となってしまいます。
　ではなぜ、有効期限が切れているもので確認してはならないのでしょうか。それは、例えば、住所が変わっているにもかかわらず、住所変更手続を行っていなかった場合、実際の居住している住所と本人確認書類に記載されている住所が異なるということがあるからです。現在の情報を正確に把握するためにも、有効期限内の本人確認書類の提示を求めましょう。

（2）取引時確認の本人確認書類として扱える書類

　本 Case のように運転免許証の更新を行っていない場合でも、大抵の場合、その他の本人確認書類をお持ちのはずです。

〈本人確認書類として扱えるもの（個人）〉

- 運転免許証、マイナンバーカード、旅券（パスポート）、健康保険証、年金手帳、住民票など。
- 健康保険証や年金手帳などの「顔写真のない本人確認書類」で本人確認手続を行う場合には、他の本人確認書類を提示するなどの追加の対応が必要。

　もし、まったく持っていないという場合は、丁寧に事情を説明し、再度来店していただくようにお話しします。お客様が有給休暇まで取得されて来店してくださっていることを十分に考慮した表現や態度を心がけるようにしましょう。
　場合によっては、上司から丁寧なお断りを入れていただくことも有用です。

聞き方と話し方はこうする

お客様 有効期限だけの問題なんでしょ。顔写真も間違いなく私なのに何がダメなの？

行職員 申し訳ございません。ご本人様の確認については、有効期限内の書類で確認することとなっていまして……。というのも、**❶ もし仮に、ご転居されているのに運転免許証の住所変更をなさっていなかった場合、申込用紙は現在の住所を記載されると身分証明書と一致しないといったことが起こりますので、私どもとしてはその住所を確認することができなくなってしまいます**。また、転居等がなくても身分証明書に記載されている内容はその有効期限までが証明されていることを前提としておりますので、ご理解いただけないでしょうか。

お客様 今日は口座を作ってもらえないということ？ せっかく有給休暇まで取って来たのに。

行職員 そうだったのですね、**❷ ありがとうございます。せっかく有給休暇まで取得されてご来店いただいたのに誠に申し訳ありません**。ご本人様確認ができないと、大変残念ですが本日口座をお作りすることはできかねます。ですが、**❸ もし免許証以外の身分証明書で有効期限が到来していないものがあれば本日作ることができます**。

お客様 それ、早く言ってよ。先月、役所に取りに行ったマイナンバーカードならあるけど。

行職員 はい、それでしたら本日口座をお作りできます。

お客様　それなら早速取りに戻るわ。後でまた伺います。

 行職員　ありがとうございます。お手数をおかけしますがよろしくお願いいたします。**4 その申込用紙は、せっかく記載いただきましたのでこちらで保管しておきます。**

 お客様　ありがとう。じゃ、後で。

 行職員　ありがとうございます。お待ちいたしております。

📝 ココをチェック！

1. なぜ有効期限が切れているだけで手続きができないのか、具体的に説明します。
2. 相手に対して感謝の気持ちを伝え、相手の気分を落ち着かせましょう。
3. 代替案を提示します。
4. もし、再度来店されなかった場合には、疑わしい取引の届出も検討の余地があります。その際に必要となるため、申込書は金融機関側で保管します。

新規口座開設

Case 3 自宅または勤務先から遠い場合

＼こんなときどうする？／

　　ここは四国地方のA市の金融機関です。新規の普通預金口座の開設手続に際して、申込用紙に記入していただいたところ、住所が「大阪市○○区」となっていました。お客様に、なぜ住所が大阪なのに当市で新規口座を作るのかお聞きしたところ、「今度こちらにUターンするんです。こちらの金融機関の本店と取引があるB工業に転職でね。それで、転職先の会社に聞いたら、こちらの金融機関で給与振込用の口座を先に作っておくように指示されたんですよ。1ヵ月後に正式入社なので、引っ越しが終わったら住所変更します」と言っています。本人確認書類でも本人に間違いありませんし、「反社リスト」の照合も問題ありません。念のため、本店とB工業の取引があるか、端末で確認したところ、確かに取引がありました。
　　このまま手続きを進めて問題ないでしょうか。

気づきPoint

もしかしてマネロンかも…

☑ 転職して引っ越してくる、というのは本当かな？

- 自宅または勤務先から遠いお客様については原則口座の開設は行わない。
- 上記のような場合、実際に住所変更をしてから口座開設をするように勧める。
- それでも納得されない場合は、別室等に移動いただき、上司から説明する旨ご説明する。

PART1 取引時確認を理解しよう

PART2 ケースでみる聞き方と話し方

PART3 好感を与える話し方

基本を押さえる

本Caseは、自宅（または勤務地）が遠方の場合の対応です。

本人確認書類で本人であることが確認できるのに住所が遠方であった場合、なぜ、原則として口座開設をしてはならないのでしょうか。

それは、お客様の実態把握が難しいからです。近隣であれば、その住所地についてざっくりとイメージが湧くでしょう。しかし、まったく知らない、しかも数百キロ離れているとなれば、何かない限りわざわざ確認には行きません。

実際に、本Caseと同様に、遠方の住所地を確認したところ、そこには別の人が住んでいた、個人の自宅のはずが会社であったという事例があります。

住所は、本人を確認する際の大変重要な情報です。もし、何か不正等があった場合には、登録されている住所が重要な手がかりになるからです。したがって、遠方の住所の場合はすぐ口座開設手続を行わず、すぐに上司等に連絡することが必要です。場合によっては、上司から丁寧なお断りを入れていただくことも有用です。

Column 知っておきたいKeyword ②

PDCA

PDCAは、「Plan」「Do」「Check」「Act」の略であり、マネロン対策においては、方針・手続き・計画等の策定（Plan）―実施（Do）―検証（Check）―見直し（Act）のことを指しています。

ガイドラインにおいては、マネロン対策の実効性の確保のためには、自らの方針・手続き・計画等を策定したうえで、経営陣主導のもと、金融企画等全体に徹底し、有効かつ適切なマネロンリスク管理態勢を構築することが求められています。また、この方針・手続き・計画等に基づくマネロン対策の実効性は、定期的に検証し、その検証結果を踏まえて、必要に応じて管理態勢の見直しを含めたマネロン対策の改善を行っていくことが求められています。

聞き方と話し方はこうする

お客様　大阪の住所だと何か問題あります？

行職員　いえ、本人確認書類も同じ住所なのでその点は問題ありません。ただ、実際にこちらにお引っ越しされてからでは遅いでしょうか。

お客様　え、どういうこと？

行職員　**1 こちらに今度いらっしゃるのが1ヵ月先になるということを考えると、早めに口座を開設していただけるというお気持ちは大変ありがたいのですが、**最近、口座を利用した犯罪が増えていまして、お客様が犯罪に巻き込まれないために、お住まいのご確認をさせていただいているんです。**2 場合によっては、大阪のご住所に伺ってご面会することもございます。そうなると、大阪でのお時間も取っていただかなければなりませんので……。**すでに、こちらに住まれることが決まっていらっしゃるのであれば、転居されてからのほうが、お客様の要望にお応えできると思います。

お客様　つまり、二度手間になるということ？

行職員　そうなんです。それに、**3 こちらで生活を始めてから、お困りごとなどもお聞きできれば何かお役に立てることもあるかもしれませんので。**

お客様　そっか……。じゃあ、今日のところはこれで。

行職員　ありがとうございます。わざわざご来店いただきましたのに申し訳ありません。**4** **その申込用紙は、せっかく記載いただいたのでこちらで保管しておきます。**

お客様　じゃあ1ヵ月後にまた伺います。

行職員　本日はありがとうございました。

📝 ココをチェック！

1. 相手に不快な思いをさせないように感謝を示しましょう。
2. なぜ開設が難しいのか、お客様のためであることを伝えましょう。
3. お客様にとってどういった利点があるか、説明します（具体的でなくてもよい）。
4. もし、再度来店されなかった場合には、疑わしい取引の届出も検討の余地があります。その際に必要となるため、申込書は金融機関側で保管します。

規口座開設

Case 4

キャッシュカードの取扱い

＼こんなときどうする？／

新規で普通預金口座の開設手続を行っていたところ、キャッシュカードの発行を依頼されました。後日送付となる旨を伝えると、「一人暮らしなので、自宅だと受け取れないし、郵便局に取りに行くのも面倒なので、近隣の実家のほうに送ってほしい」と言われました。そこで、そのようには対応できないことを説明したのですが納得していただけません。

どうすればよいのでしょうか。

 気づきPoint

（もしかしてマネロンかも…）

☑ なぜ自宅ではなく、実家に送付してほしいんだろう？

- 本当に面倒という理由だけなのか、それ以外に何か別の理由があるか聞いてみる。

- そのうえで、届出住所（自宅）にキャッシュカードを送付させていただくことの意味等をご説明する。

- それでも納得していただけない場合や、強硬に実家への送付を主張される場合は、上司から説明する旨の説明をする。

- 会話の流れによっては、上司から普通預金口座の開設について後日回答する旨を説明し、お引き取りいただく。

PART 1 取引時確認を理解しよう

PART 2 ケースでみる聞き方と話し方

PART 3 好感を与える話し方

基本を押さえる

　いわゆる「取引時確認」に係る対応につき、異例扱いをしてほしいという内容です。

　取引時確認とは、犯収法に基づき、特定取引を行う際に、お客様に各種事項を確認することをいいます。その確認すべき事項として、個人の場合、氏名、住居（住所）、生年月日、取引目的、職業を確認することになっています。

　金融機関側としてはこうした犯収法に基づき、当然のことながら届出住所（この場合は自宅住所）にキャッシュカードを送付することになります。

　ほとんどのお客様は、自宅への送付を了解していただけますが、本Caseのように自宅以外への送付を望まれることもあるでしょう。

　こうした場合、極めて稀な場合（例えば、お客様の自宅に自金融機関の行職員が定期的に訪問しており熟知している場合等）を除いて、原則、届出住所（自宅住所）以外の住所にキャッシュカードを送付する対応を行ってはいけません。

　もし、お客様とトラブルになりそうであれば、迷わず上司や支店長へすぐに事情を説明し、対応してもらいます。

聞き方と話し方はこうする

お客様　今仕事が忙しくて、昼間は自宅にいないのよね。実家の住所を教えるから、そっちへ届けてくれない?

行職員　そうでしたか。お忙しいのですね。ご実家へのご送付というご要望ですが、通常、多くの方にご自宅送付で了解いただいておりまして……。よろしければお聞かせいただきたいのですが、ご自宅に送付させていただけない理由として、ほかに何かご事情がおありでしょうか?

お客様　特にはないけど。ただ受け取れないってだけ。帰りも夜遅いし。

行職員　ありがとうございます。そうでしたか。
❶ **実は、ご自宅にキャッシュカードを送付させていだくのは、お客様のご登録された住所に住んでいらっしゃるのかを確認させていただくためなんです。**
昨今、❷ **ご存じのことと思いますが、いわゆる振り込め詐欺・オレオレ詐欺などの犯罪にキャッシュカードが使われていまして。**
キャッシュカードをご登録いただいた住所に確実にお届けして、お客様の口座に間違いのないことを確認することにより、お客様が犯罪に巻き込まれないようにすることが必要と思っております。❸ **お客様を犯罪等から守る、**その第一段階として自宅へキャッシュカードをお送りしたいのですが、この点、ご理解いただきご自宅に送付させていただけないでしょうか。
❹ **それと、キャッシュカードは一定期間郵便局に保管されますし、多く**の郵便局では時間外や土日でも受け取ることが可能です。犯罪防止、犯罪抑止の観点からご協力いただけないでしょうか。

📝 ココをチェック！

1. なぜ自宅でなければならないのか、明確にこちらの意図を伝えます。
2. お客様が具体的にイメージできるキーワードを使いましょう。この場合は、「振り込め詐欺」「オレオレ詐欺」といった言葉がキーワード。このキーワードが 3 につながります。
3. 「犯罪からお客様を守る」といった、お客様にとってメリットがあることを適切に伝えます。
4. キャッシュカードの受取りについての代替手段を具体的に説明することにより、お客様の抵抗感を減らします。

Case 5 孫名義の口座開設

新規口座開設

こんなときどうする？

「6歳の孫のために普通預金口座を開設したい」という高齢の女性が、お孫さんと一緒に来店されました。将来に備えて今のうちに口座開設したいとのことです。このまま手続きを進めてよいのでしょうか？

 気づきPoint

 もしかしてマネロンかも…

☑ **お孫さんの親権者か、未成年後見人かな？ 委任状はあるかな？**

- 来店している孫自身と直接取引を行うことはできない。

- 来店者が親権者または未成年後見人であるかどうか確認する。もし、親権者でない場合は来店者と孫の関係につき委任状等で確認を行わなければならない。

- 来店者と、名義人である孫および孫の親それぞれの氏名、住所、生年月日を本人確認書類で確認する必要がある。

- 口座の開設目的について詳しく確認する。場合によってはお断りもあり得る。

- 納得されない場合は別室等に移動していただき、上司から説明する旨を伝える。

基本を押さえる

（1）孫の口座開設

　祖父母が孫の教育資金のため、あるいは将来の不測の事態を考え、口座を作ろうとするのはよくあることです。それ自体は特別におかしなことではありません。ただし、相手は孫であり、幼児ですから、直接取引はできません。

　また、養子縁組をしているなどのケースを除けば、親権者である親が孫（子）に代わって取引を行うのが一般的ともいえます。

　本Caseで考えれば、まずは、来店している祖父母に親権等があるかどうかの確認を行うことが必要です。

（2）親権者が代理で口座開設する場合

　親権者である者が本人に代わって取引を行う場合、一般的に必要なものは以下のとおりです（正確には各金融機関で決められた規定に従う必要がある）。

〈未成年の子〉

・子の口座開設用の印鑑　・マイナンバーカード

・住民票　・健康保険証　等

〈親権者（法定代理人）〉

（子と親権者の姓・住所が一致しているもの、または続柄が確認できるもの）

・マイナンバーカード　・住民票

・健康保険証　・運転免許証　・母子健康手帳　等

　上記の書類等により、親権者および口座名義人である孫の氏名、住所、生年月日を本人確認書類で確認したり、親権者と孫の関係性を確認したりする必要があります。しかし、6歳の孫が写真付きの本人確認書類を持っていることは少ないでしょう。健康保険証など、複数の確認書類の提示をお願いすることが必要です。

　また、関係性については、住民票等により確認することが必要になります。

（3）親権がない祖父母の場合

　祖父母に親権がない場合は、祖父母が孫に代わって取引を行うことができる権限を有しているかどうか確認する必要があります。

　祖父母と孫が同居親族であったとしても、取引権限があるとは限りません。その場合、親権者が作成した委任状があるかどうか確認しましょう。

Column　知っておきたいKeyword③

リスクの特定・評価

　マネロンリスクの特定は、金融機関自身が提供している商品・サービスや取引形態、取引に係る国・地域、顧客の属性等のリスクを包括的・具体的に検証し、直面するマネロンリスクを特定することです。これは、リスクベース・アプローチの出発点となります。なお、リスクの特定に際しては、国によるリスク評価結果（犯罪収益移転危険度調査書）を踏まえるとともに、外国当局や業界団体等が行う分析結果等についても適切に勘案することが重要です。

　また、リスクの評価とは、リスクの特定においてなされたマネロンリスクに自らの影響度等を評価し、リスクベース・アプローチの土台として、自らの事業環境・経営戦略に反映することをいいます。

　リスクの評価はまた、リスクベース・アプローチの次に考えるリスクの低減措置の具体的内容に直結することとなるため、経営陣の関与・主導のもとで金融機関等全体で実施することが重要であり、経営戦略全体のなかでのリスク許容度、資源配分方針（人材、予算等）の検証・見直し等の一環として検討する必要があります。

聞き方と話し方はこうする

 行職員 お孫様、6歳なのですね。もうすぐ小学生ですね。あの、大変失礼ですが、お孫様とのご関係のわかるものは何かお持ちですか?

 お客様 何? 自分の孫に口座を作るのに問題でもあるの? 特に持っていないけど。

 行職員 ありがとうございます。恐れ入りますが、この口座開設について、もう少しお聞きしてもよろしいでしょうか。

 お客様 え?

 行職員 **❶ お孫様自身が口座を作成されること自体は問題ないのですが**、その場合、親権者の方がお孫様の代わりに実際の手続きを行っていただくことになります。ですので、**❷ お孫様の口座を開設する場合、当金庫では親権を確認させていただくことになっておりまして……**。

 お客様 親権? いえ、私は軽い気持ちで孫のためを思ってきただけで、あなたの言う親権者は私の息子になります。

 行職員 そうなんですね。わかりました。**❸ こちらのご案内が不足しておりまして申し訳ありません**。**❹ 大変申し訳ないのですが、ご子息様にご来店いただくとスムーズに口座の開設ができると思います**。

 お客様 えー、そうなのね……。わかった、それじゃ今度息子と孫と一緒に来ることにします。

Case 5
孫名義の口座開設

行職員　ご理解いただきありがとうございます。何度もご足労いただくようで申し訳ありません。

お客様　仕方ないわね。

行職員　その際ですが、**5 お孫様の口座の開設の場合、本人確認書類や住民票といった親子関係がわかる資料をご提示いただく必要があります。**ご来店前にお電話いただければ手続きがスムーズです。それか、当金庫のホームページに詳しい説明があるのでご覧いただければと思います。

お客様　わかりました。

ココをチェック！

1. 孫が口座を作成すること自体は可能ということを伝えます。
2. 必要な手続きであることを相手に伝えます。
3. こちら側の情報の周知が不足していたためにご迷惑をおかけしたことをお詫びします。
4. 親権者でなければ難しいことを明確に伝えます。
5. 次回、ご来店の際にスムーズに手続きできるよう、所定の書類が必要なことを簡単に伝えましょう。

現金取引

Case 6 遠隔地の窓口での高額入金

\こんなときどうする?/

当銀行の別の支店の口座をお持ちのお客様が来店され、現金400万円の入金を依頼されました。お客様情報を確認すると、当支店から車で2時間ほどかかるところに住んでおり、その付近の支店に口座を持っています。

口座開設理由は生活目的、本人は専業主婦という登録でした。このまま入金を受け入れてよいのでしょうか。

気づきPoint

もしかしてマネロンかも…

 なぜ遠くの支店に多額の現金を持ってきたんだろう?

- 本人確認書類の提示とお客様のそぶりや外見等を確認する。
- なぜ、当支店で入金するのか、理由を確認する。
- なぜ、現金を持参したのか、また、振込みでない理由についても聞いてみる。
- 取引履歴の確認を行う。

基本を押さえる

本 Case は、遠隔地の支店における入金対応の事例です。通常、生活目的の口座であれば、自分の口座を開設した支店で入金が行われます。遠く離れた支店で入金する必要はありません。こういった依頼があった場合は、通常の入金処理を行うことは適切ではありません。

まずは、お客様の本人確認書類を確認したうえで、「なぜ当支店で入金しようとしたのか」という理由を確認することが必要です。現金を持参していることにも目を向け、それらの理由に合理性があるかどうか、例えば「実家がこの近くで、遺品整理をしていたら現金が出てきた」など、はっきりした理由を確認する必要があります。

また、前述した本人確認書類の確認については、提示を求め、その情報と自金融機関に登録されている内容とが一致しているかを確認する必要があります。また、その外見等に着目し、なりすましの可能性がないかどうかチェックすることが必要です。

具体的には、以下の点に注意して確認します。
① 入金しようとしている現金の原資は？
② その現金の入手の経緯は？
③ 本人の生活状況（具体的には収入等）は？
④ 持参するのに合理的理由があるか？

もし、お客様とトラブルになりそうであれば、迷わず上司や支店長に事情を説明し、対応してもらいましょう。

聞き方と話し方はこうする

行職員　すみません、失礼ですが、今回のこの現金400万円の入金について、もう少し詳しくお聞きできないでしょうか。

お客様　同じ銀行の口座に入金するのに何か問題でもあるの？　どういうこと？

行職員　ありがとうございます。お客様もご存じのことと思いますが、**❶ 最近の振り込め詐欺等の防止の観点から、現金の取扱いについては慎重を期すようになっていまして……**。

お客様　この現金が何か変なお金だとでもいうの？（少し興奮気味）

行職員　いえいえ、そういうことではありません。すでに○○様とは当行でお取引をいただいておりますし、問題があるわけではありません。ただ、いつもは口座をお持ちの支店でお取引されているところ、**❷ 今回、当支店で、○○様にとってご不便な支店でのご入金となっている点を少し伺いたいと思うのですが……**。

お客様　ああ、そういうこと。それなら、私の実家がこっちで。もう両親は亡くなってしまったのだけれど実家の遺品がそのままになっていたのよね。今週整理して、業者さんに色々と買い取ってもらったの。そうしたら、美術品とか装飾品がいっぱい出てきて、結構値段がついてしまって。私の実家、戦争前はそれなりの商売をしていたから。

行職員　そうだったのですか！　それは大変でしたね。

Case **6**

遠隔地の窓口での高額入金

お客様 依頼した時、大した金額にならないと思って現金で買取りをお願いしてしまったのよね。自宅に持って帰って入金してもいいけれど、怖いでしょ。だから今日、実家の近くのこちらの支店にお伺いしたのだけれど。

行職員 そのような事情でしたか。大変失礼いたしました。では、恐れ入りますが、その遺品整理の関係書類の、**❸ 全部ではなく金額がわかる部分だけでも見せていただくことは可能でしょうか**。

お客様 それなら、車にあるから取ってきますよ。それでいいの？

行職員 はい、こちらがどのようなご資金かわかればそれで大丈夫です。**❹ 同じ銀行なのに支店が違うだけで色々とお伺いして、お手数をおかけしてしまい申し訳ありません**。

お客様 取ってくるわね。

ココをチェック！

❶ こちらの意図を、具体的な事例とともに伝えます。
❷ この取引がいつもと違うことをはっきり伝えます。
❸ 根拠となる書類について、一部、それも最小限度でよいことを強調します。
❹ 原因となっている点について重ねてお詫びを申し上げ、相手を安心させましょう。

現金取引

Case 7 親の代理人として入院費の振込み

\ こんなときどうする？ /

「母親の代理で振込みを行いたい」というお客様が来店されました。現金で50万円の振込みをご希望で、目的は入院費用の支払いだとおっしゃっています。どのように対応したらよいのでしょうか。

 気づきPoint

＜もしかしてマネロンかも…＞

☑ 現金でないとダメなのかな？　本当に親の代理なのかな？

- 代理人の氏名、住所（住居）、生年月日を、本人確認書類で確認する。
- 振込名義人（母親）の氏名、住所（住居）、生年月日についても、本人確認書類で確認する。
- 代理人が、振込名義人（親）に代わって取引の依頼を受けて取引にあたっているかについて確認する。
- 振込みそのものに不自然性がないかどうか確認する。

基本を押さえる

10万円超の現金による振込みは、取引時確認が必要です。

本Caseの場合、来店者は、親の代理人として取引依頼に来店しています。このように、別の人間が名義人（この場合、母親）に代わって行う取引については、来店者の氏名、住所、生年月日の確認が必要であり、さらに、来店者が名義人から本当に依頼を受けて来店しているかどうかを確かめる必要があります。依頼を受けて来店しているかどうかは、委任状によって確認する方法などがあります。

そして、入院費の振込みであれば、振込先を確認します。本Caseは母親の代わりですので、本当に親子関係かどうか、なぜ現金で振り込むのかについても確認が必要となります。

もし、名義人が当店に口座を持っているのであれば、現金で振込みをするのではなく、口座に入金していただき、そのうえで振込みを行えばよいことになります。この点についても説明する必要があるでしょう。

どうしても納得されない場合は、上司から丁寧なお断りを入れていただくことも有用です。

Column 知っておきたいKeyword ④

FATF（金融活動作業部会）

FATF（金融活動作業部会）は、1989年7月のアルシュ・サミットで、薬物犯罪に関するマネロン対策における国際協力の強化のため、先進国を中心として設立された政府間機関です。本部は、パリのOECD本部にあります。

FATFの主な活動は、以下のとおりです。

(1) マネロン・テロ資金供与対策に関する国際基準の策定および見直し
(2) FATF参加国・地域相互間におけるFATF勧告の順守状況の監視（相互審査）
(3) FATF非参加国・地域におけるFATF勧告順守の奨励
(4) マネロン・テロ資金供与の手口および傾向に関する研究

現在、FATFへの参加国・地域および国際機関は、37の国・地域および2つの国際機関が参加しています（2022年11月）。日本は、設立当初からのメンバーであり、1998年7月～1999年6月まで、議長国も務めています。

聞き方と話し方はこうする

　行職員　すみません、失礼ですが、口座名義人の○○様はお母様でいらっしゃるのですね。本日はお母様の代理ということでよろしいでしょうか。

　お客様　あの、何か問題ありますか？

　行職員　いえいえ、問題ということはありません。ただ、代理でいらっしゃっている点について、お聞きしなければいけないことになっていまして……。

　お客様　ふーん、そうなんですか。

　行職員　❶ 現金10万円以上のお振込みの場合は、ご本人確認の書類が必要となります。今回の場合、代理人でいらっしゃるお客様と、お母様の2名の本人確認書類が必要なのですが、お持ちでしょうか。

　お客様　え、そうなんですか。

　行職員　はい。　❷ それと、お客様がお母様から振込みの依頼を受けていらっしゃるかどうかの確認も必要となります。例えば、委任状などはお持ちでしょうか。

　お客様　委任状？　随分いろんな書類が必要なんですね。

　行職員　ご不便をおかけして申し訳ありません！　昨今、振り込め詐欺などお振込みのトラブルが多数生じておりまして、確かにご本人様のご意向であることやお振込みの用途がわかるものをご提示いただくようにさ

Case 7
親の代理人として入院費の振込み

せていただいているんです。

お客様　へー、なるほど。

行職員　**３ お母様が当行に口座をお持ちであれば、いったんその口座にこの現金をご入金いただき、そこからお振込みをなさるというのではいかがでしょうか。委任されているかの確認は必要ですが、それ以外の確認については不要になります。**

お客様　はい、母の口座はありますので、そうしたほうがいいですよね。こちらとしてはとにかく病院に振込みができればよいので。

行職員　ありがとうございます。お手数をおかけして申し訳ありません。では、まずはご入金ですね。

📝 ココをチェック！

１ ２ 一般的な手続きの概要を説明します。
３ 手続きを簡素化できるといった、お客様にとってメリットがあることを強調しましょう。

現金取引

Case 8 給与振込口座への給与でない数万円の入出金

＼こんなときどうする？／

「ATMで普通預金通帳の記帳ができない」と窓口にいらっしゃったお客様の通帳記入をしたところ、直近数ヵ月で数万円単位の入出金が頻繁に行われていることを確認しました。それ以前は、まったく口座の動きがありません。

また、その口座は給与振込用に開設されたにもかかわらず、給与が振り込まれた形跡は一切ありません。このまま記帳したうえでお帰りいただいてもよいのでしょうか。

気づきPoint

もしかしてマネロンかも…

☑ なぜ給与以外の入出金がこんなにあるんだろう？　なぜ最近まで使われていなかったのかな？

- 最近の入出金の理由を聞く。
- お客様の本人確認に関する届出情報に変更がないか、確認する。
- 入出金の理由や、直近の取引に関する説明に不自然な点がないか、話しながら探ってみる。
- 話している最中、態度に不審な点がないかどうか確認する。
- 現在の勤務先や給与振込がない理由を確認する。

基本を押さえる

（1） なりすまし被害の対策として届出情報を確認

　口座の動きがまったくなかったのに、直近数ヵ月で数万円単位の入出金が繰り返されるのは、お客様に何らかの事情の変化が起きたことを示しています。こうした数万円単位の入出金は、特殊詐欺や不正送金等の犯罪に利用される口座の特徴の一つでもあります。

　また、こうした口座の動きは、口座の持ち主であるお客様以外の第三者がお客様になりすまして、何らかの目的で口座を利用していることも考えられます。

　こういった観点から、お客様を守るためにも改めて本人確認書類を求めたり、届出情報に変更がないかどうか確認したりする必要があります。

（2） お客様の態度を観察する

　お客様自身が何らかの犯罪に関わっている場合は、とにかく早くこの場から去りたいという心境になるでしょう。そうすると、そわそわ、きょろきょろするなど態度に現れることもあるかもしれません。相手のこうした変化にも注意を払う必要があります。

　併せて、顧客情報を確認する際には、口座の開設目的にも着目しましょう。よくあるパターンとして、給与振込目的で口座を開設しておいて、実際には犯罪に利用するといったことも多く見受けられるからです。

Column　知っておきたい Keyword ⑤

三つの防衛線

　リスクとコントロールの有効な管理のためには、三つの別々のグループ（ディフェンスライン）が必要、という考え方をいいます。マネロン対策において、有効なマネロンリスク管理態勢を構築するためには、営業・管理・監査の各部門が、その役割・責任を経営陣のもとで明確にして、組織的に対応を進めることを意味しています。

　第1の防衛線は営業店や営業部門等、第2の防衛線はコンプライアンスやリスク管理など管理部門、第3の防衛線は内部監査部門です。

聞き方と話し方はこうする

お客様　ATMで通帳の記帳をしようと思ったら、うまくできないんだけど……。

行職員　そうでしたか、それはご迷惑をおかけして申し訳ありません。

お客様　急いでいるのですぐお願いします。

行職員　（記帳してみると、数万円単位の入出金が頻繁にあることに気がついた。上司に報告し、その理由をお伺いすることに）
お客様、いつも当行をご利用いただきありがとうございます。どうも磁気テープの磁気が弱くなっていたようでした。**1 今、新しい通帳を作成中ですので、その間に少しお伺いしたいことがあるのですが、よろしいでしょうか。**

お客様　はい？　何ですか？

行職員　お使いいただいている口座ですが、ご使用の目的を開設当初に伺っておりまして、その際にはA物産様からの給与振込口座とお聞きしておりました。口座の使用については最近の犯罪利用防止の観点から、都度確認することが必要でして、その点をお聞きしたいのです。A物産様から給与の振込みがないようなのですが……。

お客様　あ、そこはもう辞めていますよ。転職して、別の口座で給料を受け取っています。そんなこと、言わなければいけないんですか？ちょっと急ぐので……。

Case 8
給与振込口座への給与でない数万円の入出金

行職員　そうでしたか。お教えいただきありがとうございます。**② こちらにお申し出いただいた内容に変更があった場合には、お伺いする必要が生じるのです。お客様の口座が犯罪に使われないために、皆様にそうさせていただいておりまして……。恐れ入りますが、現在の職業や住所等を伺えませんでしょうか。**

お客様　そんなことするの？　手短にお願いしますね（きょろきょろしている様子）。

行職員　それから、こちらの口座ですが、最近何かご商売をお始めになっていらっしゃいますか？　お振込みが多くございましたので……。

お客様　ああ、それは副業の手数料ですよ。趣味の範囲ですけど、手芸品を売ったりして、副業を始めたんです。まだなの？　通帳、返してもらえません？

行職員　❸ **そうでしたか。わかりました。あちらの応接で、私の上司から新しい通帳をお渡しいたしします。**
（時間の許す範囲で、上司からも詳しくヒアリングをしてもらう）

ココをチェック！

❶ 上司に通帳を預けたうえでヒアリングする時間をつくります。相手に疑われないようにします。
❷ こうした回答を想定して、顧客情報の修正の機会・理由にします。
❸ 窓口ではあまり引き止めず、場所を変えて上司から詳細にヒアリングしてもらいましょう。

現金取引

Case 9

大量の両替依頼

\ こんなときどうする？ /

「1万円札15枚をすべて500円硬貨に両替してほしい」と依頼されました。たしか、先週も同じ用件で来店されたように記憶しています。両替票に住所、名前を記載いただきましたが、この方と当店の取引はありません。どのように対応すればよいのでしょうか。

 気づきPoint

もしかしてマネロンかも…

☑ なぜこんなに500円玉が必要なんだろう？　そわそわしている感じはないだろうか。

- 両替する目的を聞いてみる。

- ただ両替したいというだけではお断りは難しいが、本部と相談のうえ、場合によってはお断りも検討する。

- 納得されない場合は応接室等に移動いただき、上司から説明する旨ご説明する。

基本を押さえる

　一般的に、商売上、硬貨が必要なことは多々あります。したがって、硬貨への両替自体には何ら問題はありません。しかし、何度も、15万円もすべて500円硬貨に両替していくことはあまりないといってよいでしょう。商売上必要であれば、一般的には500円玉以外にも各種硬貨に両替していくはずです。

　こうしたことから判断すれば、500円硬貨のみ両替する何か特別な意図があると考えたほうがよいと思われます。例えば、マネロンの観点から、「1万円札であれば疑われるが、500円硬貨であれば疑われにくい」「少額の硬貨にすることで警戒されにくい」といった理由が考えられます。

　いずれにせよ、通常の取引ではないと気づいたら、窓口担当者だけで対応するのではなく、初めから上司と一緒に対応したり、上司が直接対応したりすることが必要でしょう。

　また、「何かご商売でご入用ですか？」などと質問することで相手が警戒し、そわそわするなどの態度が見られた場合には、上司に相談して様子をよく観察する必要があります。もしかしたら、相手のほうから両替はあきらめてお帰りになるかもしれません。

> **Column　知っておきたいKeyword⑥**
>
> **顧客の受入れに関する方針**
>
> 　顧客の受入れに関する方針とは、マネロン・テロ資金供与対策の観点から、取引時確認の内容・方法、スクリーニング（取引情報と制裁対象者を審査し選別すること）の内容・方法、ハイリスク顧客との取引の場合についての厳格な確認方法、顧客や取引のリスク格付け、継続的な顧客管理など、主に第1の防衛線の担当者がマネロン・テロ資金供与対策を適切に行うためのガイドライン（事務手続）を指します。
>
> 　なお、金融庁から公表されているいわゆるマネロンガイドラインにおいては、顧客の経歴、資産・収入の状況や資金源、顧客が利用する商品・サービス等、様々な情報を勘案し、この方針を策定することが求められています。

聞き方と話し方はこうする

[行職員] はい、500円玉ですね。**1 何かご商売でご入用なのですか？**

[お客様] そうなのよ。うち、ゲームセンターみたいなことをやっているの。その関係で。

[行職員] そうでしたか。それは失礼いたしました。あの、**2 もしよろしければ一度うちの営業担当者を訪問させていただければと思いますがいかがでしょうか？** お仕事について色々とお手伝いできることもあろうかと思いますので。

[お客様] そうねぇ、もう別の銀行で取引しているからいいわよ。

[行職員] **3 別の銀行でお取引されているのですね。4 当店にも何度か**お越しいただいていたと思いますし、お話しだけでもいかがですか？一度担当からお電話でご挨拶させていただきますので。

[お客様] そう、じゃまずは電話して。それから考えるから。

[行職員] ありがとうございます。ぜひ一度、お電話のうえ、ご訪問させていただければと思います。

ココをチェック！

1. それとなく、なぜこのような両替が必要なのか聞いてみます。
2. 実態の確認をするため、伺いたいことを遠回しに言います。
3. お断りには応酬話法を活用します。ここではオウム返しを使っています。
4. 過去にも来店していると気づいていることを伝え、訪問の理由づけにしましょう。

外国人取引

Case 10 外国人技能実習生の口座開設

\ こんなときどうする？ /

外国人技能実習生という方が、通訳を伴って来店しました。勤務先からの給与を受け取る口座を開設したいと言っています。このまま手続きしてよいのでしょうか。

気づきPoint

もしかしてマネロンかも…

☑ **勤務先というのは確かかな？　すぐに帰国してしまわないかな？**

- 在留カードを提示していただき、在留資格および在留期間を確認する。
- 確かに勤務先に在籍していることの確認を行う。
- 口座を開設する場合、不正売買は犯罪であることや、帰国時には解約することが必要であることを具体的に説明する。

基本を押さえる

（1）口座開設時の留意点

　外国人技能実習生の普通預貯金口座の開設にあたっては、氏名、住所、生年月日、口座の利用目的、職業等の確認が必要です。

　今回の場合、在留カードの提示が必要となります。特にポイントとなるのが在留期間です。在留期間があまりないような状況であれば、口座開設の必要性は低いと考えられるので、場合によっては口座開設をお断りすることが必要になります。

　また、外国人技能実習生の方の多くは、口座の売買が犯罪となることを知りません。実際に、知らないことが原因で、口座の不正売買が行われることが横行しています。開設手続時には、口座の売買が犯罪である旨を伝えて、注意を促す必要があります。

　併せて、日本での技能実習を終えて母国に帰国するなど、口座を使用する必要がなくなった場合には、口座の解約が必要になることも説明すべきです。母国語で書かれた注意喚起のチラシなどをお渡しできるよう用意しておくことも有用です。

（2）育成就労制度の創設について

　外国人技能実習制度は、日本が先進国としての役割を果たしつつ国際社会との調和ある発展を図っていくため、技能、技術、または知識の開発途上国等への移転を図り、開発途上国等の経済発展を担う「人づくり」に協力することを目的としています。

　2016年11月28日に公布され、2017年11月1日に施行された、外国人の技能実習の適正な実施及び技能実習生の保護に関する法律に基づいて、技能実習制度が実施されてきましたが、近年、日本における人手不足が深刻化している一方で、国際的な人材獲得競争も激化しています。また、これまでの技能実習制度では、制度目的と実態のかい離や外国人の権利保護などの課題が指摘されていました。人手不足への対応の1つとして外国人の受入れも欠かせない状況にあるなか、外国人にとって魅力ある制度を構築することで、日本が外国人から「選

ばれる国」となり、日本の産業を支える人材を適切に確保することが重要です。

　そこで、2024年の法改正は、技能実習制度を発展的に解消して人材育成と人材確保を目的とする育成就労制度を創設し、これまで技能実習制度において指摘されてきた課題を解消するとともに、育成就労制度と特定技能制度に連続性をもたせることで、外国人が日本で就労しながらキャリアアップできるわかりやすい制度を構築し、長期にわたり日本の産業を支える人材を確保することを目指すものです。

　育成就労制度と改正後の特定技能制度は、2027年までに施行されることとなります。

（厚生労働省ホームページより、一部筆者加除修正）

Column　知っておきたいKeyword⑦

経営陣の関与・理解

　経営陣（トップおよびいわゆる役員や監査役・監事等）が、マネロンリスクについて経営上重大なリスクになり得るとの理解のもと、関連部門等に対応を委ねるのではなく、経営陣が主導的にマネロン対策に関与することを指しています。

　その例として、ガイドラインでは、フォワード・ルッキング（先読み的）なギャップ分析の実施、関連部門が複数にまたがる組織横断的な対応、専門性や経験を踏まえた経営レベルでの戦略的な人材確保・教育・資源配分等が必要となることや、マネロン対策に関する取組みを全役職員に浸透させるために、業績評価においてマネロン対策を勘案するなど、経営陣の積極的な姿勢やメッセージを示すこと、経営陣がマネロンリスクを適切に理解したうえで、その意識を高め、トップダウンによって組織横断的に対応していくことが望まれています。

聞き方と話し方はこうする

(通訳を介して)

 お客様 給与振込用の口座を作りたいのですが。

 行職員 ありがとうございます。失礼ですが、外国人技能実習生の方ですか?

 お客様 はい、外国人技能実習生として来日しました。これから●年間、日本で働きながら技術を学ぶ予定です。

 行職員 そうなんですね。ところで、在留カードをお持ちでしょうか。

 お客様 はい。これです。

 行職員 (在留期間、資格を確認する)
大変恐縮ですが、**1** **実際に技能実習を行うのはどちらの会社でしょうか。**

 お客様 ○○製作所です。

 行職員 ありがとうございます。その、研修をされる○○製作所様に、ご本人様の在籍確認をさせていただいてもよろしいでしょうか。**2** **口座の開設に際して必要な手続きとなっております。**

 お客様 大丈夫ですよ。わかりました。

 行職員 (○○製作所に電話で確認をとる)
お待たせいたしました。ご連絡がとれました。ありがとうございました。

では口座開設の手続きに入りますが、その前にいくつか注意事項があります。お聞きいただいてよろしいでしょうか。

お客様 はい。なんでしょうか。

行職員 まず、開設させていただく口座は、あくまで **3 ご本人自身しかご利用いただけません**。もしかしたら今後、「口座を売ってほしい」とか、「口座を使わせてほしい」といった話を聞かされることもあるかもしれませんが、応じてしまうと **4 犯罪**になります。技能実習が終わって帰国するなど、この口座を使う必要がなくなった場合には、**5 必ず口座の解約**をお願いします。この点、よろしいでしょうか。

お客様 そうなんですね。わかりました。

ココをチェック！

1 本人に勤務先を確認することは必須です。この際、勤務先がわかる書類を提示してもらえばなおよいでしょう。

2 なぜ確認する必要があるのかを説明します。

3 4 5 説明時のキーワード。犯罪であることをはっきりと伝えます。お客様の母国語で書かれたチラシなどが用意されているとなおよいでしょう。

ローン取引

Case 11 住宅ローンの一括完済の申し出

\こんなときどうする？/

住宅ローンの借入れのあるお客様から、自宅の住宅ローンの残債について、一括完済の申し出がありました。普通預金通帳を確認すると、預金残高は住宅ローンの残高を上回っていました。これまでの約定弁済は、何度か延滞をすることはあっても現時点での延滞はありません。

お客様がおっしゃるとおり、このまま一括完済の手続きを行ってもよいのでしょうか。

 気づきPoint

もしかしてマネロンかも…

☑ 一括返済の原資はどうやって調達したんだろう？

- 一括返済の原資が振込みなのか現金入金なのか、通帳・取引明細等で確認する。

- 返済原資はいつごろ、どのように調達したか、経緯を聞く。

- 場合によっては、返済原資の調達方法の証拠となる資料があるかどうか確認する。

- ヒアリングの回答を拒否される場合は、別室等に移動していただき上司から説明する旨を伝える。

基本を押さえる

(1) 返済原資の確認をする

　本 Case は、お客様が住宅ローンの残債を一括で返済したい場合の対応です。「まとまったお金が入った」「相続でお金が入った」などで住宅ローンを一括返済することはよくあります。

　注意すべきは、その返済原資です。よくある例としては、株等の資産売却や相続財産などが挙げられますが、問題なのは、その原資がいわゆるマネロンなど犯罪に係る収益であった場合です。もし、こうした犯罪収益を原資とする不正なお金で返済を受けたとすると、どうなるでしょうか。

　まずは、口座に入金されている点で問題があることは皆さんもお気づきでしょう。その不正なお金で住宅ローンの一括返済を受けることは、金融機関の営業上、マネロンの観点から問題になります。言い方を変えると、犯罪で得た資金の二次使用を、結果的に金融機関が認めたとも取られかねないのです。

(2) 具体的な対応等

　こうしたことを防ぐためには、次のような対応が必要になります。
① 通帳や入出金明細をみて、現金が入金されているようであれば必ずその原資をお聞きし、確認する。振込みも同様に原資を確認する。
② 説明に不自然な点があれば、詳細にヒアリング等を行う。場合によっては証拠、裏付けとなる資料などを求める。

　当然に、本人確認についても必要となる場合があります。

　こうした場合、返済原資が犯罪資金等と判明した場合など後のことを考えて、対応については上司と同席のうえ、適宜、本部等の指示を仰ぐことなども検討しましょう。また、お客様とのやりとりについては記録するなどの措置も必要です。

聞き方と話し方はこうする

行職員　立ち入ったことをお聞きして申し訳ありません、今回の住宅ローン一括返済のご要望ですが、もう少し詳しくお聞きできないでしょうか？

お客様　口座に住宅ローンの残債以上の残高があるから問題ないでしょう。早く処理してくださいよ。

行職員　はい、ありがとうございます。**❶ それでは手続きに入る前にいくつか確認させてください。** お客様の通帳を拝見しますと、3日前に合同会社A様から3,500万円のお振込みがあったようですが。

お客様　それが何か？（少しお怒り気味）

行職員　いえ、あまりに高額な振込みなので……。このご資金で運用などをお考えではありませんか？

お客様　運用とかは考えていないよ。ほぼ全額、住宅ローンの返済に充てたい。

行職員　そうでしたか。**❷ ところで、この3,500万円のご資金は、ご商売上のお取引か何かでしょうか？**

お客様　いや、実家の土地を売った代金です。

行職員　なるほどそうでしたか。**❸ ちなみに、ご実家はどちらでしょうか。**

お客様　●●市です。あの、早く手続きを進めてほしいんですが。

行職員　かしこまりました。
（合同会社からの振込みで「実家の土地売買代金」という答えに疑いが深まったため、一旦、席を外して上司に報告する）

行職員　お客様、大きな金額のお話ですので、ここからは私と上司で対応させていただきますので、別室へご移動いただけないでしょうか。ご足労をおかけします。

お客様　いやいや、そんな一大事なの？

行職員　はい、**4** これまで長く私どもとお付き合いいただいている大切なお客様です。完済されますとローンのお取引が完了いたしますので、しっかり対応させていただきたいと思います。

📝 ココをチェック！

1 確認できなければ手続きに入れないことを認識してもらいます。
2 振込原資について例示して、お客様が答えやすいようにします。
3 振込資金に係る周辺情報をできるだけヒアリングします。
4 丁寧に対応させていただく旨の言葉がけを行います。お客様が感情的にならないよう注意しましょう。

Case 12 法人口座（合同会社・合資会社）への振込み

\こんなときどうする？/

　ある合資会社の口座に、毎週のように窓口で振込みを行うお客様がいます。振込金額はだいたい数万円ですが、時には百万円単位のお金を依頼されることもあります。窓口担当者によると、振込みの際、有名な経済アナリストの投資話が表示されているSNSのやり取りを、スマートフォンの画面で見せてもらったことがあったようです。

　先日、このお客様の振込みについて、相手先の金融機関から資金返却されました。先方に照会すると、その合資会社の口座は犯罪利用の疑いがあり、口座への入出金を凍結しているとのことです。どうすればよいのでしょうか。

 気づきPoint　　　　　　　　　　　　もしかしてマネロンかも…

☑ 有名人の投資話というのは本当？　なぜ合資会社なんだろう？

- 何のための振込みなのかを確認する。
- 最近話題になっているSNS型投資詐欺等を説明し、詐欺のリスクがあることを説明する。
- 資金返却された事実を伝え、それがどういった意味を持つか説明する。
- 場合によっては警察等外部機関等と連携し、これ以上、振込みをしないよう説得する。

基本を押さえる

(1) 振込資金の内容を確認

　この振込みは、SNS型投資詐欺の可能性があると考えるべきでしょう。

　SNS型投資詐欺とは、インターネット上に著名人の名前・写真を悪用した嘘の投資広告を出したり、「必ずもうかる投資方法を教えます」というメッセージを送ったりして、SNSに誘導し、投資に関するメッセージのやりとりを重ねて被害者を信用させ、最終的に「投資金」や「手数料」などという名目で金銭等を振り込ませる詐欺です。

　そのため、窓口で、何の目的の振込みなのかを本人に直接確認する必要があります。仮に、SNS型投資詐欺の疑いがあれば、金融機関としてはその振込みをさせないように努力しなければなりません。確認した結果、例えば、通信販売等物品の購入に対する振込みであれば、ある程度疑いが晴れます。

(2) 最近の社会情勢（SNS型投資詐欺等）の説明

　詐欺の被害に遭っているかもしれないお客様に説明しても、多くの場合「自分は絶対にだまされていないし、だまされない」と思っています。金融機関の窓口担当者という冷静な立場から、振込先の法人の実態について、インターネット等で調べてみるよう勧めることも必要です。

　また、最近のマネロンの事例、特に、合同会社・合資会社といった法人への振込みに関する詐欺被害が多いという事例を紹介し、確認することを促しましょう（PART1-3参照）。

(3) 資金返却の意味

　振込資金が返却される「資金返却」とは、お客様の振込手続きは完了したものの、指定した口座に振込みができず、振込先金融機関から振込資金が返却されることです。実務上、あまり起こらないこと、資金返却がなされるということは口座がすでに存在しない、何らかの理由で入金ができないことを意味する点などを説明する必要があります。

Case 12
法人口座（合同会社・合資会社）への振込み

聞き方と話し方はこうする

お客様　先日、振り込んだお金が返却されたと連絡を受けたので来ました。

行職員　ありがとうございます。**🚹 お振り込みしたお金が入金できないということで、先方の金融機関から返却されました。こうした例はあまりないので、**少しお話を伺ってもよろしいでしょうか。

お客様　何ですか？

行職員　ここ最近、頻繁に同じ合資会社様にお振込みをなさっていらっしゃるようですが、**🚺 この振込みは、通販などの物品の購入代金でしょうか？**

お客様　いえ、前に一度スマホの画面を見せたことがあると思うけれど、あの有名な経済アナリストさんの会社で資産運用をしているの。

行職員　そうでしたか。でも、あれだけ有名な経済アナリストの会社であれば、合資会社といった会社形態は不思議ですね。株式会社が一般的な気がしますが……。

お客様　確かに。合資会社ってあまり聞かないわよね。

行職員　最近、**🚼 この近くの金融機関でも起きたマネロンの詐欺事件では、こうした合資会社や合同会社の口座が悪用されていたようなんです。**合資会社や合同会社は、一般的に株式会社よりも安く簡単に設立できるといわれています。そこを悪用して、SNSなどを利用した詐欺が多

数行われているようです。

　一度、4 振込先の会社について調べてみてから、今後の投資をお考えになってもよいのではないでしょうか。ご家族にもご相談してみてはいかがですか？

お客様　そうね。子どもに相談して調べてみます。ありがとう。

行職員　そうですね。それでは、返却された振込資金をお返しする手続きをさせていただきます。

ココをチェック！

1 振込資金が返却されることが普通ではないことを認識してもらいます。

2 振込みの理由を聞くため、「通販などの物品の購入代金」など具体例を示して質問します。

3 具体的な類似事例を示して再考を促します。

4 自身で調査して、現状を冷静に判断してもらう材料とします。家族からの注意を促しましょう。

Case 13 ロマンス詐欺と法人口座利用

こんなときどうする？

「どうしても今すぐ振込みたい」という、かなり焦った様子のお客様が来店しました。50歳代と思われる女性です。窓口担当者がお聞きすると、「大学病院で医者をしている知り合いが医療過誤の裁判で負けて、今すぐお金が必要って連絡が来たのよ。外国の人なの。この銀行のこの口座に振り込んで！ 今すぐ！」と興奮気味です。見ると、日本の金融機関で、振込先は法人の口座のようでした。金額は200万円と高額です。

窓口担当者と上司が対応すると「とにかく早く振り込んでほしい」の一点張りでしたが、お話を伺っているうちに、どうやらロマンス詐欺のように思えてきました。どのように対応したらよいのでしょうか。

気づきPoint

 もしかしてマネロンかも…

☑ 外国の大学病院の医師の訴訟に関する費用をなぜ個人が負担するのだろう？ 詐欺ではないかな？

- 外国人が日本の金融機関、それも法人口座を持っていることに不自然さを感じることを率直にお話しする。

- 詐欺の可能性があること、特に、最近は「ロマンス詐欺」という手口があることと、その実態を説明する。

- ヒアリングや説明をした一連の流れを記録し、疑わしい取引の届出を検討する。
- 場合によっては警察等外部機関等と連携し、振込みをしないよう説得する。

基本を押さえる

（1）キーワードは「外国人」「振込み」「急ぎ」

　最近、SNS型ロマンス詐欺の被害が拡大しています。

　SNS型ロマンス詐欺とは、SNSやマッチングアプリなどを通じて出会った人と直接会うことなくやりとりを続け、恋愛感情や親近感を抱かせて、金銭等をだまし取る詐欺です。恋心に付け込んで、「訴訟になって多額の賠償金を支払うことになった」「会社が倒産した」と言って資金援助を求める、結婚に伴う資金調達などをにおわせる、暗号資産の購入や架空の投資を勧めるなどの手口でお金を振り込ませようとします。

　本Caseのように外国人を装う事例も多く、当然、相手の外国人とSNS上で会話をしたり、写真を送られたりして、実際に会ったような気分にさせているのです。また、IT起業家、パイロット、弁護士、医師、軍人といった職業を騙っているケースも多くみられます。

　これらのことから、「外国人」「振込み」「急ぎ」といったキーワードを耳にしたら、ロマンス詐欺を疑ってもよいでしょう。なお、ロマンス詐欺の被害者は、女性だけではありません。男性の被害者も多くいます。

（2）法人口座への振込み

　本Caseのような「ロマンス詐欺」の最近の特徴として、法人口座が利用される事例が多くなっています。

　従来の個人口座を悪用した手口では、多額現金の入金・振込み等が発生した場合、金融機関が行うスクリーニングにより、すぐにチェック対象にかかってしまいます。また、企業活動では、複数かつ多額の入出金があることが通常ですから、

詐欺やマネロンに係る複数かつ多額の入出金であったとしてもその違いがわかりにくく疑われにくいため、法人口座が利用されています（PART 1-3参照）。

最近の事件では、闇バイトを雇い、実態のない法人を設立したうえで口座を開設し、悪用している事例が公表されています。

Column　知っておきたいKeyword⑧

匿名・流動型犯罪グループ（通称：トクリュウ）

　暴走族の元構成員等を中心とする集団に属する者が、繁華街・歓楽街において、集団的または常習的に暴行、傷害等の事件を起こしている例がみられます。こうした集団の中には、暴力団のような明確な組織構造は有しないものの暴力団等の犯罪組織との密接な関係がうかがわれるものも存在しています。

　このような集団は、暴力団に準じる集団として「準暴力団」と位置づけられています。

　また、「準暴力団」以外に、SNSや求人サイト等を利用して実行犯を募集する手口により、特殊詐欺を広域的に敢行する集団がいます。これらの集団は、SNSを通じるなどして緩やかな結びつきで離合集散を繰り返すなど、そのつながりが流動的であり、また、匿名性の高い通信手段を活用しながら役割を細分化するなど、その活動実態を匿名化・秘匿化する状況がみられます。

　「準暴力団」を含む、このような犯罪集団は「匿名・流動型犯罪グループ」と位置づけられ、通称「トクリュウ」と呼ばれています。

聞き方と話し方はこうする

　お客様　早く振込みしてよ！

　行職員　**① お客様、お手続きをさせていただく前に少し確認させてください。**

　お客様　何を確認するの？

　行職員　このご依頼ですが、どういった目的のお振込みですか？

　お客様　友人が裁判で負けてお金がいるから、それを助けてあげたいって言ってるじゃない。

　行職員　そうですか。そして、そのご友人は外国の方なのですね。

　お客様　そうよ。外国人だったらいけないの？

　行職員　いえ、そうでありません。外国人のご友人はお医者様なんですね。

　お客様　そうよ。

　行職員　では、外国の大学病院の医者が、なぜ日本の会社の口座に振り込んでほしいとおっしゃっているのでしょうか。

　お客様　だって、この口座を指定してきているんだから。そんなこと関係ないでしょう！

Case 13
ロマンス詐欺と法人口座利用

 行職員 そうですか。**2** でも、お客様のおっしゃるような方でしたら、自分の国の自分の口座を指定しませんか。この指定口座は日本の会社の口座です。何かおかしいと思うのですが……。

 お客様 ……確かに。でも彼がそう言っているのよ。

 行職員 **3** あくまで一般論としてお聞きください。お客様がそうだということではありません。我々金融機関では、こうしたお振込みについては、「ロマンス詐欺」の疑いがあるとして、ご注意申し上げています。お金をだまし取る手口としてよく使われている手口です。いま確認させていただいたことは、「ロマンス詐欺」の手口ととても似ています。お客様がどうしてもお振込みをしたいということであれば、できるだけご要望に沿う形で対応させていただきますが、私どもとしては被害の疑いをぬぐい切れません。ご検討いただけないでしょうか。

 お客様 そんなことあるわけがないじゃない！ 彼が待っているのよ。

 行職員 そうですよね。ただ、**4** 警察庁のホームページにも載っている「ロマンス詐欺」の流れにとてもよく似ていますので心配です。一度、警察に相談してみてはいかがでしょうか。

 お客様 警察庁？ 本当だわ……。

 行職員 **5** ご理解いただきありがとうございます。その申込用紙は、当方で責任をもって処分させていただきます。

📝 ココをチェック！

1. まずはお客様に冷静になっていただき、そのうえで一言かけるようにしましょう。
2. 一般的かつ常識で考えたことを素直にお客様に伝えます。
3. 具体的事例を示して説明します。あくまでも一般論として話しましょう。
4. 「警視庁・SOS47 特殊詐欺対策ページ『SNS型ロマンス詐欺』」など、公的機関のウェブサイトを見せながらお話しします。

    ※ https://www.npa.go.jp/bureau/safetylife/sos47/new-topics/romance/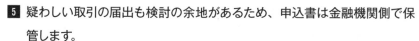

5. 疑わしい取引の届出も検討の余地があるため、申込書は金融機関側で保管します。

PART 3

好感を与える話し方

1 不満・苦情の要因とは

　マネロン対策を効果的に実行するうえで、日頃からお客様と接している行職員の皆様が担っている役割は、非常に大きいものです。犯罪リスクから金融資産を守るため、目の前のお客様に、プライバシーに関わることや人には知られたくない個人情報の開示をお願いすることも多いでしょう。

　そのような時、たとえ確認事項や説明内容に不備がなかったとしても、お客様への伝え方が不十分であれば、予期せぬ苦情を招くことがあります。「どこがいけなかったのだろう？」「なぜ、あれほど怒っていらっしゃったのか？」など、疑問に思った経験はありませんか？

　金融機関をとりまく環境は急激に変化していますが、一般のお客様はそれほどの危機感をまだ感じていないかもしれません。行職員とお客様との間に、リスク管理への温度差がある状況で、一方的にマネロン対策に則った応対をしても、お客様は違和感を覚えるでしょう。犯罪防止のための取組みとはいえ、ほとんどのお客様は、疑われることに慣れていません。行職員としても、個人的な立ち入った質問をすることに慣れていない方が多いのではないでしょうか。

　日本では、お客様に対して丁寧で親切な応対をすることが求められています。時間はかかるかもしれませんが、一つひとつ言葉を足して、説明をしながら理解を求めていく以外に有効な方法はないでしょう。金融のプロとして誠実な応対を心がけることで、お客様との良好な信頼関係を築くことができます。信頼できる行職員の方が質問することであれば、お客様も柔軟に対応してくださることでしょう。

1. お客様の心理を理解しよう

　不満や苦情の要因を探るためには、お客様の心理を理解することが重要です。

　百貨店やレストラン、ホテルなど快適なサービスの提供を主にしている業界と比べると、金融機関は異なる部分が多くあります。しかし、お客様は金融機関に対しても少なからずサービスを求めています。

　現在日本には、銀行や信用金庫、信用組合、労働金庫、農業協同組合など1,000を超える金融機関が存在しています（参考：金融庁ホームページ）。お客様は、その中から特定の金融機関を選んで、預貯金や資産運用、ローンなどの金融サービスを利用しています。

　「私はサービスを利用するお客様である」という認識の奥には、次の三つの心理が潜在するといわれています。

① 　歓迎されたい心理

　人は、サービスを受ける際に、「歓迎を受けたい」「自分のことを受け入れてほしい」という欲求をもっています。その場の空気や応対者の表情、口調を敏感に感じ取っています。そのため、ご利用いただくことへの「歓迎」の気持ちを口調や表情、態度で具体的に表現することが大切です。

② 　独占したい心理

　人は、自己中心的な考え方をしがちなものです。お客様に対応している時間は、そのお客様のためのものであると感じていただくことが必要です。

　ただし、周りのお客様への配慮も忘れてはなりません。声のトーンや表情に気を配り、お客様（またはお客様の置かれた状況）への共感を表現しながらしっかりと人間関係を構築しましょう。

③ 　感謝されたい心理（優越感）

　誰でも、「特別」「大切」だと思われたい心理をもっています。お客様に対しては、大勢の中の一人ではなく、「個」として接することを意識してください。「あなたは大切なお客様です」と認知していることが伝わるよう、感謝の気持ちを表現しましょう。

　自分がサービスを受ける時を想像すれば、これらの三つの心理を理解しやす

いでしょう。お客様は、「きっと感じよく迎えてくれるに違いない」「利用したことに対して感謝してくれるはず」「丁寧で行き届いた応対をしてくれるだろう」などの期待をもって来店されます。その期待が裏切られたり、期待以下のサービスだったりした時に不満や苦情を表すのです。

2. 接遇マインドを身につけよう

　お客様の要望に応えられない場合や難しい対応に迫られる時ほど、接遇を取り入れることをお勧めします。
　接遇とは、お客様一人ひとりに合わせた臨機応変な対応のことです。基本の接客にプラスした、機転の利いた対応をすることです。接遇を取り入れることで、業務もスムーズに進めやすくなります。

〈接遇の心得〉
・いつも明るい笑顔で
・身だしなみを整えて
・正しい言葉遣いと美しい所作
・正確でわかりやすい説明
・感情を込めた丁寧な応対
・お客様の話をしっかりと聴く
・ゆっくりと聞き取りやすい声で話す
・感謝の気持ちを伝える

　金融機関における基本の表情は、お客様に威圧感を与えない、にこやかで落ち着いた雰囲気がよいでしょう。清潔感も重要です。普段の応対が接遇を意識したものになっているか、セルフチェックをしてみてください。説明は早口になっていないでしょうか。専門用語が多く、お客様にとって理解しづらいご案内になっていないでしょうか。感謝やお詫びの言葉を伝える際に、無表情で事務的な言い方をしていないでしょうか。
　接遇レベルが上がると、不満や苦情を抑えられるという効果もあります。お客

様のことを理解しようと努め、わかりやすい説明と感じの良い応対をすることで、満足感や納得感などの価値を提供できるからです。そのような行職員に対しては、面倒な確認手続や答えたくない質問にも協力しようという気持ちになれます。
　クレーム対応の基本に、「クレーム（苦情）は小さな不満の積み重ね」という考え方があります。クレームに発展してしまうと、業務が滞り、精神的なストレスだけでなく、時間的にも大きな損失が生じます。基本的な接遇をしっかり実践することで、小さな不満の芽を摘み取ることができ、結果的に業務がスムーズに進むのです。

2 苦情を招かない話し方

1. 言語表現と非言語表現

　あなたはどのようにして人の印象を決めていますか？　会って早い段階で、「優しそうな人」「厳格な雰囲気」「几帳面なイメージ」などの印象を判断しているのではないでしょうか。その人の性格や生い立ちを知らなくても、第一印象は自然と決まるものです。

　アメリカの心理学者、アルバート・メラビアンが提唱したメラビアンの法則では、人が印象を判断する要素を視覚・聴覚・言語の3つに分け、実験により影響力を数値化しました。

視覚　55%　　表情・身だしなみ・態度
聴覚　38%　　声のトーン・大きさ・スピード
言語　7%　　 言葉・話す内容

　この数値だけを見ると、「人は見た目や声の表情で9割以上判断されるため、話す内容は重要ではない」と示しているかのようです。しかし、そうではありません。「正しい内容を適切な言葉で伝えていても、視覚や聴覚情報が伴っていなければ、相手に正確には伝わらない」ということを示しています。

例えば、依頼を断る時は、「申し訳ございませんが」などの気遣いの言葉を使います。しかし、配慮のある言葉を発していても態度が横柄だったり、目線をそらしたりしていると、「本当に申し訳ないと思っているの？」と、相手に誤解を与えかねません。気持ちがこもっていない謝罪の言葉を聞いて、気を悪くした経験がある方もいるでしょう。

つまり、私たちは言語情報以上に視覚や聴覚から入ってくる非言語情報の影響を受けやすいということです。お客様に対し、お願いやお断り、指摘や注意を促す際には、顔の表情や声のトーン、語尾がきつくならないようにするなど、非言語情報にも十分注意しましょう。

2. 好感を与える表現

（1）クッション言葉

クッション言葉とは、直接的な表現を避けて相手に好感を与える気遣いの言葉のことです。質問や依頼、謝絶などを伝える際、会話に柔らかい印象を与えてくれます。

尋ねるとき・依頼するとき	
失礼ですが	ご足労をおかけしますが
恐れ入りますが	ご面倒（ご迷惑）をおかけしますが
お手数をおかけしますが	勝手を申して恐縮ですが
お差し支えなければ	お時間がございましたら

例 「失礼ですが、ご年齢を伺ってもよろしいでしょうか」

断るとき	
申し訳ございませんが	誠に心苦しいのですが
せっかくですが	お気持ちはありがたいのですが
あいにくですが	申し上げにくいことなのですが
残念ですが	お役に立てず申し訳ございませんが

例 「誠に申し訳ございませんが、私では判断いたしかねます」

援助を申し出るとき	
よろしければ	ご迷惑でなければ
私にできることがございましたら	何かお力になれることがございましたら

例 「よろしければ、私が承りますがいかがでしょうか」

（2）依頼的表現

　人に尋ねたり、依頼したりするときは、命令的・指示的表現を依頼的表現に変換しましょう。「～してください」ではなく、「～していただけますか」と疑問形にします。

　「～してください」は、強要されたという印象を与えますが、「～していただけますか」は、相手に結果を委ねる表現です。強要されて承諾するのと、自らの判断で承諾するのとでは心境も違います。また、疑問形の語尾を変化させることで丁寧度が変わります。依頼内容や状況によって使い分けるとよいでしょう。

　好感度の高い表現は、「何を伝えるか」と同様に「どう伝えるか」も大切にしています。

命令的・指示的表現 ▼ 依頼的表現	〜（して）ください ▼ 〜していただけますか 〜していただけますでしょうか 〜していただけませんでしょうか

「お車はこちらに止めてください」
▼

「お車はこちらに止めていただけますでしょうか」

（3）肯定的表現

　お客様のご要望に添えない時、「できません」「わかりません」と伝えるだけでは不快感を与えてしまいます。否定的表現は肯定的表現に言い換えましょう。

　さらに、断る時は代わりの案も提示するように努めましょう。「Aはできないけれど、Bであれば対応できます」のように代替案を示すことで、お客様の理解も得やすくなります。

否定的表現 ▼ 肯定的表現	無理です できません ▼ いたしかねます （できかねます）	わかりません 知りません ▼ わかりかねます

「ただ今のお時間は、窓口でのお手続きはできません」
▼

「窓口でのお手続きはいたしかねますが、インターネットバンキングでしたらいつでもお申込みいただけます」

（4）マニュアル敬語に気をつけよう

　「〜になります」「〜のほう」「〜というかたち」「よろしかったでしょうか」などの表現は、マニュアル敬語またはバイト敬語と呼ばれています。

　かつてはファミリーレストランやコンビニエンスストアなどで聞かれた接客の言葉でしたが、今では広く使われています。しかし、正しい言葉遣いではないので、相手に違和感を与えないためにも使用は控えましょう。

・「こちらがお客様控えになります」

　「〜になります」は変化を表す言葉です。変化しないものは「お客様控えでございます」と表現したほうが自然です。

　ただし、利用明細書がお客様控えを兼ねているような場合は、「（こちらの利用明細書が）お客様控えになります」でも正しい表現といえます。本来の意味を考えて使うとよいでしょう。

・「理由のほうをお伺いしてもよろしいでしょうか」

　「〜のほう」は二つ以上あるものの中から一つを指定する時や、方向を示したい時に使う表現です。「こちらのほうがおすすめです」「前のほうにご案内のパンフレットがございます」は正しい使い方です。

　「理由のほうをお伺いしてもよろしいでしょうか」「ご予約のほうを承ります」「ご記入のほうをお願いいたします」などは、誤った使い方です。

・「明日のご来店というかたちで、よろしかったでしょうか」

　「〜というかたち」もよく聞くフレーズです。「明日のご来店というかたちですね」「ご郵送というかたちで承ります」など、これらの「かたち」には意味がありません。

　また、語尾を「よろしかったでしょうか」と過去形にする必要もありません。無駄な表現を省き、「明日のご来店でよろしいでしょうか」とシンプルに伝えましょう。

間違った言葉遣いを多用すると、説明よりも言葉癖が気になってしまい正しい情報が伝わらない可能性があります。好感度を上げるためには、正しくわかりやすい表現が基本です。無意識のうちにマニュアル敬語を使っていると、自分では気づかないことも多いようです。普段の言葉遣いに意識を向けてみましょう。

3. 不快感を与えない伝え方

（１）質問の仕方

取引時確認の際には、お客様の私生活に関わるような聞きづらい質問もあるでしょう。そのような場合の質問の仕方について、具体例を参考に確認していきましょう。

Case 1　関係性を尋ねる

× どういうご関係ですか？

○ ○○のため、ご関係をお聞かせいただけますでしょうか。

💡「質問」をするときのポイント：クッション言葉＋理由

窓口に代理の方が来られた場合の応対例です。社会には様々な人間関係が存在します。近年では、ダイバーシティやLGBTQ＋などの観点から、多様な価値観を認め合うことが推進されています。「どういうご関係ですか」と、こちらが聞きたいことだけをストレートに質問するのは避けるべきです。

お客様によっては、間柄を聞かれるだけでストレスを感じる人もいます。プライバシーに関わるようなことを質問する際には、クッション言葉だけでなく、その理由も伝えることが大切です。

お手続きのために、恐れ入りますが、ご契約者様とのご関係を教えていただけますでしょうか。

 代理人の方がお手続きをされる際には、ご契約者様とのご関係をお伺いしております。失礼ですが、どのようなご関係か伺ってもよろしいでしょうか。

言語表現だけでなく、非言語表現にも注意が必要です。最初から疑いのまなざしになっていないでしょうか。声に不信感が表れていないでしょうか。確認すべきことはしっかりと聞かなければなりませんが、柔らかい表情で好意的な話し方を心がけましょう。

Case 2 答えられない理由を尋ねる

 教えられない理由は？

 お答えになりにくいご事情がおありなのですね。よろしければ差し支えのない範囲で、教えていただけないでしょうか。

質問に対してお客様が答えづらそうにしていたり、あいまいな返答であったり、適切な回答が得られない場合もあるでしょう。そのような時に、たたみかけるような質問をするのは望ましいことではありません。人によっては、「尋問を受けている」「責められている」と感じるでしょう。答えに詰まるにはそれなりの理由があるはずです。

まずは共感姿勢を示し、相手の気持ちに寄り添いましょう。「何かご事情がおありなのですね」「お答えになりにくい理由があるのですね」と相手の感情を受け止めてから、質問をするように心がけてください。「差し支えのない範囲で、教えていただけないでしょうか」「お話できる範囲で、お聞かせいただけますでしょうか」など表現を工夫して少しずつ聞き出し、必要な情報を得るようにしましょう。

（2）断り方

　不快感を与えない断り方も確認しましょう。質問する時と同様に、断る時も理由を伝える必要があります。そして、できる限り代わりの案（代替案）を提示します。

Case 3　口座開設を断る

× 口座の開設はできません。

○ 恐れ入りますが、総合的に判断して口座を作ることができません。

　不正取引の可能性が疑われるお客様から、口座開設を依頼された場合の応対例です。たとえ正当な理由があったとしても、頭ごなしに「開設はできません」と伝えるのは避けるべきです。断る場合も判断の根拠を示した丁寧な応対が基本です。

　理由を明確に伝えづらい場合は、「総合的に判断して」と示唆することでお客様の反応を伺うこともできます。「お取引の目的を具体的に教えていただかないと、口座開設はいたしかねます」のように、謝絶の理由に焦点をあてた表現も有効です。

Case 4　払い戻しを断る

× 本人でなければ払い戻しはできません。

○ 大変恐縮ですが、払い戻しができるのは名義人のご本人様のみでございます。ご足労をおかけしますが、○○様にお越しいただくことはできますでしょうか。

　事実だけを伝えてもお客様は納得されません。また、理由を説明したからといって納得されているとも限りません。頭でわかっていても、感情の部分で腑に落ちないといった経験は誰でもあることでしょう。気持ちや心の部分でも納得してい

ただくためには、お客様に共感することが大切です。

「ご足労をおかけしますが」「ご面倒をおかけして恐縮ですが」「せっかくお越しいただいたのに心苦しいことですが」など、思いやりの言葉で共感しましょう。「〜でなければ、〜できません」は、否定的表現が重複しているので、「〜であれば、〜できます」のように肯定的表現も意識してください。「お役に立ちたい」という誠意が伝われば、お客様も次のステップに進むことができるはずです。

Case 5　取扱いのない商品を断る

  こちらでは取り扱っておりません。

 ○○にご興味をお持ちいただき、ありがとうございます。あいにく、こちらではお取扱いがございませんが、（窓口や他店舗等）でしたらご利用いただけます。

💡 断り方のポイント：謝罪（感謝）＋説明（理由）＋お断り＋代替案

取扱いがない金融商品のお問い合わせがあった場合、まずは商品に興味をもっていただいたことに対して感謝の言葉から入りましょう。お客様の行為を受け止めてからお断りを表明することで、謝絶の表現がやわらぎます。「ありがとうございます」と言ってくれた人に対して、不平や不満は言いづらいものです。

可能であれば代替案も提示しましょう。代替案という選択肢を設けることで判断はお客様に委ねられます。個々の状況に合わせた臨機応変な対応により苦情を抑制することができます。

Case 6　詐欺被害が疑われる取引を断る

  それ、詐欺ではないですか？

  お話をお伺いしていると、詐欺の特徴と似ているようです。念のため、何点か確認させていただいてもよろしいでしょうか。

振り込め詐欺など特殊詐欺の被害は深刻で、手口も巧妙化しています。「自分はだまされない」と思っているお客様に対して、「詐欺ではないですか」と不躾な質問をしては反発されてしまうかもしれません。詐欺や犯罪の可能性が高いと判断できたとしても断定は避けましょう。

また犯人側では、金融機関で詐欺被害防止のために金銭の引き出し理由を確認することを知っているので、窓口での振る舞いを指示することがあるともいわれています。

犯罪リスクからお客様を守るための質問で、怒らせてしまってはもったいないことです。「念のため」や「差し支えなければ」という前置きの言葉を入れることで丁寧さやお客様への配慮が伝わり、こちらの質問も受け入れてもらいやすくなるでしょう。

> **Column**
>
> **金融機関行職員は閻魔大王!?**
>
> 　金融機関行職員は、疑わしい取引を未然に防ぐガードマンとしての重要な役割を担っているといえます。
>
> 　ある僧侶から、閻魔大王についての次のようなお話を伺ったことがあります。冥界の王である閻魔大王は、善人と悪人を判断する裁判官のような存在です。誰にでも恐ろしい形相で接するイメージがありますが、実は、悪人にとっては非常に恐ろしい神様となり、善人に対しては大変優しく接してくださるとのこと。金融機関の窓口に訪れるお客様の中には、犯罪者が紛れているかもしれません。金融機関の行職員は、犯罪者にとっては打ち破りにくい難関の壁であり、善良な利用者にとっては親切で頼れる金融のプロであってほしいものです。
>
> 　お客様に不快感を与えずに必要な情報を確認することは、神経を要する業務でしょう。レベルの高い応対が求められますが、話し方を工夫することで円滑に業務が進むようになれば、応対スキルは必然と高くなっているはずです。

監修者・著者紹介

〈監修・著者〉
宇佐美 豊（うさみ・ゆたか）　※PART 1・2
株式会社金融監査コンプライアンス研究所　代表取締役
1986年明治大学経営学部卒。同年東海銀行（現三菱UFJ銀行）入行、国内営業店・本部勤務の後、融資第二部、融資管理部、資産監査部、業務監査部各調査役、UFJ銀行内部監査部調査役、三菱東京UFJ銀行監査部業務監査室上席調査役を経て、2006年3月退職。同年4月十六銀行入行、リスク統括部、コンプライアンス統括部各主任調査役、コンプライアンス統括部法務室長、十六総合研究所部長主席研究員（エグゼクティブフェロー）を歴任。2016年9月独立。2022年4月株式会社金融監査コンプライアンス研究所代表取締役。金融庁、東海財務局・金融財政事情研究会・全国地方銀行協会・第二地方銀行協会・全国労働金庫協会・三菱UFJ銀行や全国各地の金融機関の研修講師や講演、執筆活動、地域金融機関・農業協同組合の顧問としてアドバイス・コンサルティング等を行う。
公認不正検査士（CFE）・日本ガバナンス研究学会会員・金融法学会員、地銀協コンプライアンス検定試験「問題作成委員会」委員

〈著　者〉
村西 知子（むらにし・ともこ）　※PART 3
NPO法人日本サービスマナー協会　認定講師
これまでに婚礼、式典、イベントなど2,000件以上の司会を担当。言葉の影響力、マナーの大切さを実感する。現在、講師として、ビジネスマナー研修、正しい敬語・美しい日本語 話し方講座、接遇マナー基礎研修、電話応対研修、クレーム応対研修等を担当する。

AML対策を現場で強化　取引時確認の聞き方・話し方［第2版］

2023年3月25日	初　版第1刷発行
4月18日	第2刷発行
5月30日	第3刷発行
2024年12月15日	第2版第1刷発行
2025年4月15日	第2刷発行

監修・著者　宇　佐　美　　豊
著　　者　　村　西　知　子
発　行　者　髙　橋　春　久
発　行　所　㈱経済法令研究会
〒162-8421　東京都新宿区市谷本村町3-21
電話　代表 03(3267)4811　制作 03(3267)4823
https://www.khk.co.jp/

営業所／東京 03(3267)4812　大阪 06(6261)2911　名古屋 052(332)3511　福岡 092(411)0805

表紙・本文デザイン／清水裕久（Pesco Paint）
制作／松倉由香　印刷・製本／㈱サンエー印刷

Ⓒ Yutaka Usami, Tomoko Muranishi, 2024
Printed in Japan

ISBN978-4-7668-2511-4

☆　本書の内容等に関する追加情報および訂正等について　☆
本書の内容等につき発行後に追加情報のお知らせおよび誤記の訂正等の必要が生じた場合には，当社ホームページに掲載いたします。
（ホームページ　書籍・DVD・定期刊行誌　メニュー下部の　追補・正誤表　）

定価は表紙に表示してあります。無断複製・転用等を禁じます。落丁・乱丁本はお取替えします。

金融AMLオフィサー[実践][基本][取引時確認]のご案内

金融AMLオフィサー[実践]

主として、営業店の管理職の行職員を対象として、マネー・ローンダリング対策に関する法制度の理解度や実務対応の適合性を判定し、認定します。

出題形式	三答択一マークシート式 50問（各2点）
合格基準	満点の70％以上（試験委員会にて最終決定）
試験時間	90分
受験料	5,500円（税込）
試験内容	マネー・ローンダリングの基礎知識／マネー・ローンダリングと犯罪収益移転防止法／マネー・ローンダリングと外為取引／マネー・ローンダリングとリスクベース・アプローチ ※出題範囲・内容に一部変更が生じることがあります。
試験方式	全国一斉公開試験・CBT試験・団体特別試験

金融AMLオフィサー[基本]

主として、営業店の一般行職員、パート職員を対象として、マネー・ローンダリングの基礎知識の習得程度、営業店実務対応の適合性を判定、認定します。

出題形式	三答択一マークシート式 50問（各2点）
合格基準	満点の70％以上（試験委員会にて最終決定）
試験時間	90分
受験料	4,950円（税込）
試験内容	マネー・ローンダリングの基礎知識／マネー・ローンダリングと取引時確認／マネー・ローンダリングと疑わしい取引の届出制度／マネー・ローンダリングとリスクベース・アプローチ ※出題範囲・内容に一部変更が生じることがあります。
試験方式	全国一斉公開試験・CBT試験・団体特別試験

金融AMLオフィサー[取引時確認]

主として、営業店の窓口業務に携わる一般行職員・パート行職員を対象に、マネー・ローンダリングの基礎知識、ならびに取引時確認の実務対応力の習得程度を測定します。

出題形式	三答択一マークシート式 50問（各2点）
合格基準	満点の70％以上（試験委員会にて最終決定）
試験時間	90分
受験料	4,950円（税込）
試験内容	マネー・ローンダリングの基礎知識（マネロンの概要／FATF審査／犯罪収益移転防止法／取引時確認／確認記録／本人確認書類／疑わしい取引 他） 営業店における実務対応（口座開設時の対応／代理人取引／なりすましの疑われる取引／不自然な入出金への対応 他） ※出題範囲・内容に一部変更が生じることがあります。
試験方式	全国一斉公開試験・CBT試験・団体特別試験

経済法令研究会の書籍
——あなたの仕事も次のページへ

マネロン対策における実務ポイントの理解定着に

金融AMLオフィサー [基本][実践] 対策問題集

※年度版

日本コンプライアンス・オフィサー協会 編

●A5判・212頁・2,200円
（頁数・定価は参考）

本書の特徴

- 全国公開試験・CBT試験の「金融AMLオフィサー[基本][実践]」について、問題・解説をまとめた一冊。
- 過去に実施された全国公開試験の問題・解答を掲載。
- 営業店の一般行職員、パート職員、管理職に向けたマネロン基礎知識の習得度や法制度の理解度、実務対応の適合性を測る、試験対策に最適の書。

取引時確認と疑わしい取引への対応力を高める

金融AMLオフィサー [取引時確認] 対策問題集

※年度版

日本コンプライアンス・オフィサー協会 編

●A5判・160頁・1,540円
（頁数・定価は参考）

本書の特徴

- 全国公開試験・CBT試験の「金融AMLオフィサー[取引時確認]」について、問題・解説をまとめた一冊。
- 過去に実施された全国公開試験の問題・解答を掲載。
- 営業店の窓口業務に携わる一般行職員・パート行職員を対象に、マネロンの基礎知識、取引時確認の実務対応力を測る、試験対策に最適の書。

経済法令研究会 https://www.khk.co.jp/ ●経済法令ブログ https://khk-blog.jp/

〒162-8421 東京都新宿区市谷本村町3-21　TEL.03(3267)4810　FAX.03(3267)4998